내 지갑 속에 들어온 제국주의

내 지갑 속에 들어온 제국주의

IMPERIALISM

모지현 지음

우리는 정말 자유롭게 소비하고 있을까?

"땅에는 언제든지 가난한 자가 그치지
아니하겠으므로 내가 네게 명령하여 이르노니
너는 반드시 네 땅 안에 네 형제 중 곤란한 자와
궁핍한 자에게 네 손을 펼지니라."

(신명기 15:11)

저자의 말

 21세기를 훌쩍 넘긴 지금, 대한민국에서 스마트폰 없이 지갑에 현금만 넣고 다니는 사람이 얼마나 될까요? 지폐와 동전으로 가득 찬 전통적인 지갑, 카드를 주로 넣는 슬림한 카드지갑, 그리고 이제는 스마트폰 속 앱으로 모든 결제가 가능한 '디지털 지갑'까지. 우리는 한 시대 안에 물리적, 전자적, 상징적 지갑이 공존하는 전례 없는 풍경 안에서 살고 있습니다.

 이 낯선 동거는 단순히 결제 수단의 다양성을 뜻하지 않습니다. 그보다는 지금이 삶의 방식 자체가 전환되는 커다란 변곡점이며, 오늘 우리가 선택하는 소비 방식이 곧 우리 사회의 방향을 결정짓는 중요한 '행위'가 되었다는 뜻일지도 모릅니다. 이 책은 그런 질문에서 시작되었습니다. 내가 오늘

손에 든 물건 하나, 지불한 가치 혹은 값 하나가 어디서 왔고, 누구를 거쳐 이곳에 왔는지를 추적하다 보면 우리의 소비 속에 얼마나 많은 권력, 침묵, 착취, 그리고 제국주의의 흔적이 숨어 있는지를 보게 됩니다.

한없이 부족하고, 무엇보다 영상과 이미지가 문장과 글보다 우위에 섰다고들 말하는 이 시대에 글을 쓰는 일은 어쩌면 시대착오적인 고집일지도 모릅니다. 그럼에도 저는 믿습니다. 책과 글은 여전히 남아야 한다고, 지폐처럼 인간의 지력 또한 지켜져야 한다고 말입니다. 그래서 오늘도 이 길을 묵묵히 걷습니다. 이 길에 함께 올라 귀한 시간을 내어주실 여러분께 진심으로 감사드립니다. 기도로 함께해주는 사랑하는 가족에게도 마음을 전합니다. 특히, 십 년 가까운 홈스쿨링 끝에 이제 대학생이 되어 같은 세대의 일상을 전해주고 엄마의 글을 날카롭게 비평해주는 아들에게 깊은 고마움을 전합니다.

언제나 그렇듯, 모든 영광을 오직 주님께 올려드립니다.

2025년 여름
하은 모지현

차 례

저자의 말 · **6**
프롤로그 **익숙한 것들의 낯선 뷰(view)** · **13**
_〈매트릭스〉의 빨간 약

1. 코카콜라와 할리우드의 출격 · 29
_제국주의의 재발견 (feat. 로마제국)

제국과 제국주의는 언제부터 쓰인 용어인가요?
현대적인 의미의 제국주의란 무엇인가요?
'코카콜라'라는 브랜드 탄생에는 어떤 의미가 있나요?
제2차 세계대전 이후 세계는 어떻게 바뀌었나요?
미국을 로마제국과 비교할 수 있다고요?
로마 공화정과 제정이 다른 점은 무엇인가요?
로마제국을 유지한 힘은 어디에 있었을까요?
할리우드 영화에 담긴 의미는 무엇인가요?

2. '스타벅스의 바나나'와 〈슬럼독 밀리어네어〉 · 69
_세계화, 수백 년의 미궁 (feat. 영국제국)

세계화란 무엇인가요?
1차 세계화는 사람들의 삶에 어떤 영향을 미쳤을까요?
스타벅스 바나나에 숨겨진 서사는 무엇인가요?
바나나 공화국은 왜 그런 형편에 놓이게 되었을까요?
〈슬럼독 밀리어네어〉의 콜센터에 의미가 있다고요?
2차 세계화와 아웃소싱은 어떤 관련이 있나요?

아웃소싱 분야가 확산하면서 인도가 부상했다고요?
영국이 인도를 식민지로 둘 수 있던 힘은 무얼까요?
영국제국의 인도 지배에는 어떤 숨겨진 비결이 있나요?
인도를 영연방으로 남기지 못한 이유가 있다고요?

3. 버블 계의 원 티어 · 115
_그리고 닷컴 버블이 있었다 (feat. 네덜란드 제국)

닷컴 버블이 인터넷 때문에 시작되었다고요?
넷스케이프가 그렇게 큰 영향을 미쳤다고요?
개인용 컴퓨터(PC)는 어떻게 탄생했나요?
마이크로소프트사가 도약하는 계기가 있었다고요?
윈도 95와 익스플로러 4.0이 가지는 의미는 무엇인가요?
역사상 최초의 버블은 무엇이었나요?
어떻게 네덜란드는 제국으로 발전할 수 있었나요?
네덜란드의 경제 성장을 이끈 힘이 있었다고요?
역사에 남은 닷컴 버블의 긍정적인 결과는 무엇인가요?
닷컴 버블이 가져온 의미 있는 변화가 더 있나요?

4. 자라에서 GAFA까지, 그들의 은밀한 이야기 · 167
_데이터 채굴과 플랫폼 제국 (feat. 에스파냐 제국)

패션과 데이터는 어떻게 연결되어 있나요?
데이터가 중요하게 여겨지는 이유는 무엇인가요?
디지털 플랫폼과 데이터는 어떤 관계가 있나요?
아마존은 어떤 방법으로 데이터를 채굴해 이익을 얻고 있나요?
구글은 어떤 행보를 보여왔나요?
애플의 스마트폰 혁명에는 어떤 의미가 있나요?
페이스북이 이 시대에 끼친 영향은 무엇인가요?
제국으로서 에스파냐가 실패한 원인은 무엇일까요?
데이터를 대하는 우리의 자세는 어떠해야 할까요?

5. 진격의 제국, BAT · 219
_경험해 보지 못한 나라의 핀테크 (feat. 진 제국)

중국이 정보통신 기술에 집중한 계기는 무엇인가요?
바이두와 바이트댄스의 행보에서 배워야 할 교훈은 무엇인가요?
알리바바의 역사에는 어떤 숨은 이야기가 있나요?
텐센트가 만든 '모든 것의 앱'의 위상은 어느 정도죠?
중국에서 QR 코드 결제가 폭발적으로 증가한 이유는 무엇인가요?
모바일 결제는 중국에 어떤 변화를 초래했나요?
제국으로서의 진나라 정책은 어떠했나요?
중국과 미국이 가장 첨예하게 대립하는 부분은 어디죠?
미국과 중국 디지털 제국의 공통점은 무엇인가요?

에필로그 모든 길이 인공지능으로 통하는 세상 · 274
_외눈박이 마을 속 두눈박이가 될지라도

참고문헌 · 296

일러두기

각 글의 키워드를 이루는 명사는 붙여쓰기를 원칙으로 하되 경우에 따라서는 가독성을 고려하여 띄어쓰기를 했다.

외국어 발음 표기는 국립국어원의 외래어 표기법을 기준으로 하되 꼭 필요한 경우 원어 발음을 따랐다.

단행본은 『 』로, 간행물에 실린 글, 논문, 쪽글 등은 「 」로, 신문과 잡지는 《 》로, 예술작품 및 영상물의 타이틀은 〈 〉로 표시하였다.

( ) 안의 개념어 설명은 '지은이 주'이다.

프롤로그

익숙한 것들의 낯선 뷰(view)
_〈매트릭스〉의 빨간 약

늦은 아침. 스마트폰에서 알람이 울립니다. 새벽까지 오늘 강의 때 발표할 조별 토론 준비를 하느라 많이 못 자 더 자고 싶습니다. 이러다 지각하면 열심히 한 게 헛일입니다. 허둥지둥 준비하고 학교로 향합니다. 다행히 보통 때보다 앞 지하철을 탔으니 유튜브 이것저것을 볼 마음의 여유가 생겼습니다. 쇼츠를 보는데 낯선 단어가 보입니다. 어? 이게 뭐지? 구글이 있으니 궁금한 걸 안 참아도 괜찮습니다. 역시나. 나만 모르는 게 아니었습니다. 자동 완성이 됩니다. 심지어 검색어 상단. 안심합니다. 다 보고 인스타를 빠르게 훑습니다. 친구 신발이 눈에 들어옵니다. 무지 예쁘고, 심지어 편해 보입니다. 어디서 산 거지? DM을 보냅니다.

역에서 내립니다. 커피가 빠지면 서운할 것 같습니다. 학교 앞 스타벅스에 들어갑니다. 다른 커피에 비해 비싸지만 얼마 전에 선물 받은 스타벅스 카드에 리워드 프로그램까지 있으니까 열심히 쓰면 괜찮다고 생각합니다. 보통 매장에 앉아 과제를 하면서 본전을 뽑곤 하지만 오늘은 어쩔 수 없습니다. 바닐라크림콜드브루 그랑데만 사려고 했는데 계산대에 놓인 바나나가 먹음직스러워 보입니다. 왜 여기 바나나는 다른 데보다 맛있어 보이지? 분명 아침을 거른 탓일 겁니다. 폰으로 바나나까지 결제합니다. 내가 결제한 게 맞는지 언제나처럼 여기저기서 확인 문자가 옵니다.

수업 시간에 발표한 내용을 아이패드로 정리한 선배가 오늘 밤 e-class에 올리기로 합니다. 올리기 전에 톡으로 팀원들의 컨펌을 받겠다 했으니, 밤에 들어가 확인하면 될 것 같습니다. 다음 주는 내 차례인데 과제가 많아서 고민입니다. 이번 주말은 스터디카페에서 공부해야겠다 생각합니다. 돈이 아깝지만 어쩔 수 없습니다. 곧 시험이니 학교 도서관 열람실은 분명 아이돌 콘서트 티켓팅 급 좌석 예약이 예상되니까요. 점심을 먹으러 가야 합니다. 팀원들과 버거킹에 가기로 합니다. 좋습니다. 버거킹은 맥도날드보다 비싼 만큼 값을 하는 것 같습니다. 게다가 키오스크로 주문하면 토마토나 양파를 더 넣을 수 있습니다. 물론 공짜로 말이죠. 매달 발급해주는 할인 쿠폰을 써서 콰트로치즈와퍼와 코카콜라를 먹고, 아이스아메리카노는 다른 공짜 쿠폰으로 주문해 들고 도서관으로 향합니다. 할인에 공짜로 커피까지 받으니 왠지 부자가 된 기분입니다.

도서관에서 다음 주 과제 작성에 필요한 자료를 찾아다닙니다. 힘이 듭니다. 모두 전자책이면 좋겠습니다. 어떤 책엔 먼지도 많고, 찾아다니느라 다리도 아프고, 들고 다니려니 무겁고, 무엇보다 시간이 오래 걸립니다. 전자책 대출 앱에 다 들어 있으면, 책을 무겁게 들고 다니지도 않고 빠르게 찾고 좋겠다 생각하지만 어쩔 수 없습니다. 오후 내내 논문과 책을 찾느라 돌아다녀 발이 아프니 또 신발 생각이 납니다. DM에 답을 안 해주네. 바쁜가. 아님, 답이 없는 게 답인가. 좀 서운했지만, 노래 가사를 떠올리니 기분은 나아졌습니다.

오늘은 다른 학교 친구들과 만나 저녁을 먹기로 한 날입니다. 내가 장소를 정할 순서여서 맛집 검색을 해봤지만, 까다로운 친구들의 취향을 다 맞춘 곳을 찾기가 어려웠습니다. 결국 여러 AI의 도움을 받기로 합니다. 분위기, 교통, 음식 취향 기타 등등 조건을 다 말해주고 물어보니 정말 기막힌 곳을 알려줬습니다. 네이버로 예약하려니까 마침 할인도 된다고 합니다. 단톡방에 공유해 놓은 덕분에 모두 여유 있게 만났습니다. 친구들과 한참을 수다 떨며 놀았습니다. 다들 바쁘게 살고 있었습니다.

친구들과 헤어져 돌아오는 길. 가방도 무겁고 정말 피곤합니다. 보통은 버스를 타지만 오늘만 조금 사치를 부려볼까, 합니다. 카카오택시를 호출합니다. 카드도 이미 등록해 놓았고 목적지도 다 입력했으니 오는 내내 기사님과 어색하게 이야기를 안 해도 됩니다. 덕분에 단톡방에 올려진 조별 발표 정리 내용 확인에 집중할 수 있습니다. 확인했으니, 선배가 올리겠지요. 끝내고 다른 걸 보려는데, 아까 한꺼번에 계산한 친구가 밥값 N빵 한 걸 톡으로 보냈습니다. 잊어버리지 않으려면 지금 은행 앱으로 계좌이체를 해야 합니다. 피곤하니까 여러 단계 인증도 귀찮습니다. 그냥 카톡 같은 메신저에서 돈도 메시지처럼 오가면 편하지 않을까요?

집에 들어가려는 순간, 오늘도 고생한 나에게 선물을 줘야겠단 맘이 듭니다. 이 시간에 355ml 한 캔만 배달시키면 배달료가 더 나올 것 같습니다. 집 앞 마트에서 사서 계산하려는데 먼저 아주머니 한 분이 현금으로 계산합니다. 가방에서 지갑을 찾고 지폐와 동전까지 꽉 맞춰 내십니다. 회원 할인에 현금 영수증까지. 보면서 기다립니다. 시간이 아깝습니다. 지나가기만 해도 저절로 결제된다는 아마존 고를 떠올리지만, 이걸 보니 우리는 백만 년은 걸릴 것 같습니다. 확실히 쿠팡에서 주문하는 게 국룰입니다. 로켓 배송에 폰 화면을 밀기만 하면 결제 끝. 빠르고 편합니다.

드디어 이불 속 귀환. 편안하게 누워 스마트폰으로 넷플릭스에 접속하니 영화가 많이 올라와 있습니다. 토익 LC 준비라도 하려면 뭔갈 보고 자야 돈이 안 아까울 것 같은데 봐야 할 게 뭔지 모르겠습니다. 많아도 너무 많습니다. 아무래도 보는 건 주말로 미뤄야겠습니다. 공부도 해야 하고 알바도 해야 하고. 왜 이렇게 주말까지 할 일이 많은지. 시간이 없습니다. 이 밤에도 친구들은 스토리를 올리고 DM에 카톡에 알림음은 계속입니다. 읽고 답해주다 도저히 안 되겠습니다. 졸음이 밀려옵니다. 앗, 오전에 보낸 DM 답이 와 있었네요. '자라'. 그랬군요. 오늘은 유튜브에서 ASMR을 틀어놓고 자야겠습니다. 내일도 바쁠 거니까요. 휴~~.

2025년의 어느 날. 대한민국 평범한 대학생이 사는 하루를 상상해봅니다. 물론 하루 동안 이 모든 일이 다 벌어지진 않겠지만, 적어도 한 가지 이상의 상황은 거의 매일 마주하고 있지 않을까요? 현재 'MZ'든 뭐라 불리든 스스로는 상관없어하는 그런 젊은 세대뿐 아니라 Z세대 부모이자 본격적 ○세대의 첫 주자 격인 'X'세대, 그리고 그들을 도무지 알 수 없다며 'X'를 수입해 붙여 불렀던 현재 액티브 시니어인 '산업화' 세대, 다들 말이죠.

모두의 일상에 전혀 이질감 없이 녹아 들어 있는 것들 때문이 아닐까, 합니다. 맥도날드, 버거킹과 스타벅스, 그리고 언제부터인가 대한민국 국민 거의 누구나 들고 다니는 안드로이드폰, 아이폰에 구글, 네이버, 아마존, 쿠팡, 유튜브, 인스타그램, 카카오 그리고 넷플릭스 기타 등등 말입니다. 불과 몇 년 전까지만 해도 출연진이 낙오를 당하면 고생하기 일쑤였던 프로그램에서, 이제는 유효한 스마트폰 하나만 쥐고 있으면 어디서든, 심지어 고립무원인 해외에서조차 아무 문제없이 출연자가 쫓아가 제작진을 놀라게 하는 요즘이니까요. 일명 '스마트'라 불리는 장면이 그런 프로그램에서만이 아닌, 우리 일상에서 거의 매일 최신으로 업데이트되고 있는 시대라고나 할까요?

우리가 지나는 현재가 언젠가부터 '거대한 전환의 시대'라 여겨지는 건 이처럼 '디지털 경제'가 '주도적'을 넘어 '독보적'인 경제 모델로 자리매김해서인 것 같습니다. 재화와 서비스의 주요 경제활동이 '디지털화·네트워크화된 지식과 정보'라는 생산요소에 주로 의존하는 경제, 즉 인터넷을 기반으로 이루어지는 경제활동을 디지털 경제라고 하는데요. 이 모델에 따르면 기업은 혁신에 혁신을 거듭해야 하고요. 일하는 사람은 언제 어디든 적응할 수 있도록 유연하게 변해야 합니다. 도시 곳곳과 가정, 학교 어디든 다 스마트하게 바뀌어야 하고, 정부 역시 비대하게 여기저기 붙은 군살을 빼고 스마트하게 일해야 합니다. 이런 환경에서 살아남으려는 우리는 열심히 일하기만 해서는 안 됩니다. 역시 스마트하게 변화를 이용해야만 한다죠.

그러다 보니 우리는 '평생직장'이라는 그동안 학교생활 내내 목표로 해왔던 길에서 벗어나 새로운 나만의 길을 개척할 기회를 끊임없이 찾아야 할 것 같고요. 그렇게 성공한 자를 그야말로 추앙하는 분위기가 되었습니다. 누구라도 노동력뿐 아니라 상품이건 서비스건 자신이 원하는 모든 것을, 돈이 된다면 어떤 것일지라도―그 범위는 상상을 초월합니다―판매할 수 있습니다. '주문형 서비스'라는 예전에는 꿈도 꾸지 못할 풍요로운 혜택도 누립니다. 인터넷으로 대표되는 거대 네트워크로 연결된 수많은 장치가, 사용하는 모두의 기호를 물어봐주고 추천해주고 심지어 변덕을 들어주겠다고 약속하는데, 그 약속을 우리 대부분 믿으니까요. 온라인 플랫폼, 빅데이터, 로봇공학, 사물인터넷(IoT)과 머신러닝 딥러닝을 포함한 인공지능(AI) 등등 거대한 전환을 이끄는 기술상의 아바타 격인 모두가 말입니다.

이런 시대적 조류에서 적어도 살아남으려면, 일상에서 디지털 기기에 의존한 스마트한 장면의 일부가 되는 것이 당연한 것 같습니다. 심지어 모두 그렇게 사는 걸 목표로 노력해야 하고 '뒤떨어지는 사람'을 도와야 한다는 것이, 우리 사회가 앞으로 나아가야 하는, 공동체에 선하고 적절한 방향이라는 데 암묵적으로 '동의해야만' 할 것만도 같고요.

그런데 말이죠. 이런 담론 형성에 참여해 동의하고, 동의한 김에 얼리버드가 되어 누구보다 앞서 스마트하게 나아가려다 돌아보니 문득 궁금해집니다. 실제로, 이런 지향점이 우리에게 진짜 이상적인 모델일까요? '우리 모두' 이렇게 살면 진짜 전보다 더 행복하게 살아지는 걸까요? 이런 모든 변화가 우리가 놀라는 만큼 획기적인 거라 꼭 따라잡아야 하는 걸까요? 내 몸에 맞지 않는다고 느끼면서도 그렇게 살고 싶다고 결심할 만큼 '있어' 보이는, 가치 있는 걸까요? 아니면 혹시 현재 우리가 '오늘' '여기에'만 살기 때문에 미처 보지 못하는 무언가 있는 걸까요?

"현대 신사라면, 아침에 일어나 일본산 '라이온 치마분(치약)'으로 이를 닦고 면도 후에는 '레토 후드'에서 만든 크림을 바릅니다. 여름이 다가오니 '오리지나루(original) 향수'를 뿌리고 집을 나섭니다. 약속 장소에 갈 때는 '동경 가스 전기'의 자동차를 타며, 사무실에서 사업 파트너를 만날 때는 피로 회복에 좋은 '헬프' 약을 먹습니다. 구강 위생을 위해 '카오루'를 사용하고, 사무실에서는 능률을 높여주는 '스완' 만년필을 쓰죠. 퇴근 후 집에 와서는 '카스케' 맥주를 마시고요. 아내는

'아지노모도' 조미료를 사용해 요리하고, 식사 후 남편에게 여자를 이해하는 신사가 되라며 '부인구락부'라는 여성지를 권합니다. 아이에게는 '모리나가' 밀크캐러멜을 주고 아내 자신은 '중장탕'을 마시며 가족과 담소를 나눕니다."

과거 한 신문 광고를 풀이, 요약한 글입니다. 이게 언제 어디에 실렸던 것일지 상상이 되나요? 주로 일본 제품을 광고하고 있는데, 과연 누구의 마음을 사로잡기 위한 것이었을까요? 이 광고는 놀랍게도 한국, 일제 강점기였던 1922년 5월 25일 자《매일신보》에 실렸던 것입니다. 제목은 무려「현대 신사의 1일」이죠.

자, 이제 우리가 1920년대 국권을 빼앗긴 지 십여 년이 지나 한창 일제 통치가 공고해지던 한국에서 유행에 앞서나가고자 했던 모던 보이, 모던 걸이라고 상상해 봅시다. 3년 전 3·1운동이라는 거족적 민족 독립운동이 외국 세력의 어떤 도움도 받지 못하고 마치 실패로 끝난 것같이 보이던 분위기. 이제 조선이라는 '후진적' 왕조 대신 '문화적'으로 통치하겠다 선언하며, 조선인의 수준이 높아지면 내지(일본)인과 같은 대우를 해주겠다고 외치는, 그들을 따르면 마치 문명인이 될 것만 같은 그런 환상을 제공하던 일본의 통치 시대. 만약 가정을 꾸미고 이 광고를 본다면, 당장 이런 것들을 소비하고 살면서 깨끗하고 편하고 멋진 삶을 살고 싶다 꿈꾸게 될 것 같지 않습니까? 당시 이런 삶을 살던 사람이 다수였다면, 어쩌면 일제 강점기 한국은 우리의 전형적인 상상과는 다른 모습이었을지도 모르겠습니다.

실제 당대 젊은이 중에는 1920년대 한국에 들어서기 시작한 백화점들에 진열된 일본산 근대 물품에 열광하고 소비하며 첨단 유행을 창출해내는 데 앞장서곤 한 이들도 많았습니다. 물론 일제 강점기 당시를 그저 살아내는 것조차 버거웠을 수도 있던 그들의 삶을 이 때문에 비난하고자 하는 것은 아닙니다. 다만 후손인 우리가 '한국사' 시간에 배우고 가르치면서 짚고 비판하는 지점은 "그걸 소비하는 것은, 과연 누구에게 이득이었는가? 이익은 누구에게 돌아갔는가? 그 결과는 어떠했는가?"라는 의문과 그에 대한 답일 겁니다.

1920년대 회사령을 철폐해 일본의 자본주의 상품 시장과 자본 투자처로서 식민지 조선을 이용하고자 했던 일본은, 그래서 이런 광고들을 통해 요즘 말로 '힙'한 이미지를 만들어 내 일본 제품을 소비하게 함으로써 결국 우리 전통 산업 기반을 무너뜨렸죠. 그를 통해 토막민과 같은 수많은 조선 빈민의 양산을 가속함과 동시에 일본과 협력하여 자본가가 된 사람 중 끝내 친일파로서 길을 걷게 될 사람을 만들어낸, 결과적으로 한국 현대사에서 가장 심각한 해결 과제를 남길 시초가 된 지점입니다. 이 모든 것은 전적으로 일본의 이익을 위해 조선인을 움직이도록 만든 권위적이고 공식적인 권력 즉 일본 제국주의가, 당시 조선 일반인은 '의식하지 못하는' 틈에 '눈에 보이지 않는' 곳에서 작동한 결과라는 것을 후대 대한민국을 사는 현재의 우리는 알고 있으니까요.

 역사는 그런 것 같습니다. 현재가 아직 과거 '가능'의 상태였을 때, 현재가 아닌 다른 수많은 선택지가 있던 그때를 되짚어 보면서 현재와는 다른 현재를 상상할 수 있게 해줍니다. 덕후의 존재 이유를 설명해주는 역사의 특별한 매력 중 하나죠.

 그런데도 현재로 향하게 된 과정을 보며 현재가 현재일 수밖에 없던 속사정을 발견해 지금을 해석할 수 있기도 하고요. 그러다 보면 때로는 현 문제에 대한 해답이 찾아져 미래로 향한 길이 열리곤 합니다. 이는 그 현상이나 표상이 시간상 멀리 떨어져 있다고 해도 현재 문제에 반향을 일으키고 관련을 맺고 있는 것이 역사 연구의 대상이기 때문일 겁니다. 만약 현재를 향한 관심이나 비판, 지지가 없다면 우리가 과거에 대해 더 많이, 더 잘 안다는 것은 별 의미가 없을지도 모릅니다.

 구체적인 등장인물이나 상황은 다를지언정 그 패턴은 반

복되는 과거를 살펴 현재를 직시할 수 있게 해준다는 의미에서, 역사는 영화 〈매트릭스〉에서 모피어스가 네오에게 내민 빨간 약과 같다고 생각하곤 합니다. 영화 속 빨간 약은 눈에 보이지 않던 진실을 보게 해주는 일종의 열쇠죠. 내가 보고 싶지도, 알고 싶지도 않은, 혼돈과 고통을 줄 수도 있는 그런 진실을요. 반대로 파란 약을 먹는다면 내가 보고 싶은 것만 보면서 질서 있는 세계 속에서 안온한 만족의 길을 택해 편하게 살 수 있습니다. 물론 네오는 영웅답게 빨간 약을 선택합니다.

하지만 꼭 영웅이 아닐지라도, 인간이란 존재가 자신이 죽을 때 평생을 돌아보며 '감각'에 따른 것이 아닌 '의미 있게' 했던 행동으로 자신을 가치 있게 여긴다면요. 마치 톨스토이의 『이반 일리치의 죽음』에서 묘사된 것처럼요. 그런 존재라면, 어쩌면 괴로워하게 될 줄 알면서도 빨간약을 선택해 진실을 알고자 하는 것은 인간만이 할 수 있는 일인 것 같습니다. 물론 진실을 알고 난 다음은 사이퍼의 선택과 같이 또 다른 문제겠지요.

'편리'라는 이름으로 '스마트'한 미래로 나아가는 것만이 진리라고 우리에게 끊임없이 속삭이는 수많은 담론이, 사실은 일제 강점기 한국의 《매일신보》 광고와 같은 종류의 것이라면. 2025년 대한민국 거의 모든 국민에게 권하는 '스마트'

한 하루가 1920년대 일본이 식민지 조선인에게 원하던 그것과 같은 결의 것이라면.

그렇다면 우리가 우리에게 유익하다 믿으며 살아내는 삶과 그를 위한 무수한 선택은 우리가 알지 못하는 거대한 권력의 이익을 위해 움직이고 있는 수많은 힘으로부터 영향을 받은 산물인지도 모릅니다. 보이지도 않고 강제하는 것처럼 여겨지지도 않지만, 그래서 거부하기도 힘들고 저항은 더더욱 할 수 없게 하는, 매력적인 어떤 힘 말이죠.『내 지갑 속에 들어온 제국주의』는 이런 의문과 고민에서부터 출발했습니다.

'지갑'이라는 단어가 생뚱맞다고 여기실지 모르겠습니다. 사실 우리의 수많은 '스마트'한 선택으로 이루어지는 하루 중 많은 부분은 소비와 관련이 되어 있습니다. 이 책에서 지갑이란 소비의 표상입니다. 유형의 현금을 보관하는 지갑, 예컨대 백화점 1층 명품 로고가 박힌 가죽으로 된 그런 종류의 장지갑이나 반지갑뿐만이 아니고요. 카드 지갑이나 스마트폰 화면 속 카드 모양과 은행 계좌의 잔고 숫자로 표시되는 디지털 지갑까지 다양한 지갑이 상상될 수 있습니다.

이런 지갑을 주의 깊게 들여다보면 알 수 있는 것이 꽤 많습니다. 주인이 어떤 사람인지 지갑은 많은 것을 말해주거든요. 가족이 쓰는 지갑을 한 번 같이 보세요. 그동안 '돈'에 대해서만 관심이 많았지, 그걸 보관하는 지갑의 형태에 대해서는 별로 관심이 없었지요? 세대에 따라 지갑이 다르지 않나요? 현금, 현금과 카드, 카드와 모바일, 그리고 절대적으로 모바일만을 결제 수단으로 사용하는 지갑. 이렇게요.

각자의 소비와 결제 패턴의 차이가 한눈에 들어온다는 점에서 지갑은 그 사람의 또 다른 얼굴이라고도 할 수 있습니다. 내가 소비하려는 계획, 의도, 선택 등까지 모두 함축하고 있는 공간으로서 말이죠. 그래서 지갑은 극히 개인적이고 사적이라고 생각되나 봐요. 하지만 과연 그럴까요? 나는 내 지갑의 주인인 걸까요?

이 물음에 대한 답을 찾는 여정을 제국주의 그 자체에 관한 이야기에서 시작해보려고 합니다. 제국주의가 뭐길래 내 지갑에 들어와 있다고 하는 것인지, 맥도날드와 코카콜라, 할리우드 같은 글로벌브랜드에서 출발합니다. 20세기 전반기 세계사의 대부분을 차지하는 세계대전에서부터죠. 이후 새롭게 등장한 제국주의와 관련된 주제 즉 현 세계의 메가트렌드인 세계화, 디지털화의 배경과 그 시작을 바나나 공화국과 아웃소싱(외주), 그리고 닷컴 버블로 살펴보려고 합니다.

나아가 4차 혁명에서 필수 자원으로 여겨지는 데이터, 그를 둘러싼 디지털 플랫폼의 치열한 경쟁, 특히 핀테크와 인공지능에 관해 보려고 하는데요. 내 지갑은 비단 기업들만이 아닌 국가 사이 패권 다툼으로까지도 연결되어, 서로 주인이 되려는 전쟁이 소리 없이 그러나 치열하게 벌어지고 있는 전쟁터이기 때문입니다. 내 지갑이 이렇게 거대한 주제와 닿아 있다니 놀랍지 않으십니까?

주제마다 묻고 대답하는 대화 속에 펼쳐지는 이 모든 이야기는 우리 하루 중 눈 뜨는 순간부터 감는 순간까지 심지어 잠들어 있는 동안에도, 요람에서 무덤까지 일평생 동행하겠다 하는 어쩌면 그 단계조차 넘어서고 있는, 때로는 문화제국으로 소프트-파워 제국, 디지털 제국, 실리콘 혹은 플랫폼 제국이라고 불리기도 하는 그들의 이야기, 그리고 우리 자신에 관한 이야기입니다.

역사 속 제국들 역시 찬조 출연합니다. 로마에서부터 진, 에스파냐, 네덜란드를 지나 영국과 미국에 이르기까지. 그들을 통해 현재 여러 양태의 제국들이 제국으로 성공할 수 있었던, 혹은 실패할 수도 있을 이유를 함께 찾아볼 수 있으면 하는 바람에서입니다. 경제나 정치 같은 분야가 아닌 역사라는 눈을 통해 말이지요. 어찌 보면 우리의 작고 소중한 지갑 속에 담긴 근 이천 년이 넘는 광대한 세계사에 관한 이야기이기도 하겠습니다.

익숙하고 편안한 풍경이 낯설고 불편하게 다가오는 것은 귀찮은, 더 나아가 힘든 일이 될 수도 있을 겁니다. 하지만 그를 통해 무언가 알면서 선택하고 행동하게 된다면, 몰라서 혹은 관심이 없어서 무조건 그들에게 모든 것을 내맡겼던 그 때의 우리와는 분명 다른 우리가 되어 있을 것이기에 의미 있다 믿습니다. 비록 태산같이 버티고 선 제국이라는 권력 앞에 티끌보다도 작은 개인에 불과할지라도 말이지요. 태산 역시 '하늘 아래 뫼일 뿐'이라는 옛시조를 떠올리면서, 소중하고 귀한 시간 함께 읽으며 낯설게 보기를 선택해준 여러분께 반갑고 감사하다 진심을 전합니다.

1

코카콜라와 할리우드의 출격
_제국주의의 재발견
(feat. 로마제국)

세실 존 로즈의 두 다리가 찢길 정도로 쩍벌한 채 아프리카를 밟고 선 케이프-카이로 통신망 완성을 알리는 삽화, 유럽인이 아프리카인을 눕혀놓고 위스키를 입에 들이부으면서 황금을 쥐어 짜내는 그림, 러디어드 키플링의 시(詩) 「백인의 짐」 구절들과 필시 벨기에 레오폴드 2세 때문일 아프리카인의 잘린 팔 한쪽을 들고 서서 마치 잔학상을 보라는 듯한 표정을 짓고 있는 백인 남성 사진, 중국이라는 파이를 자르기 위해 탐욕스럽게 눈치를 보는 빅토리아 여왕을 비롯한 왕과 황제들이 그려진 《르 프티 주르날》의 삽화. 이들 공통점이 뭘까요? 네, 맞습니다. '제국주의' 하면 떠오르는 유명한 이미지들이죠. 느낌 역시 대부분 비슷하고요.

사실 우리는 그런 제국주의에 피해를 본 '식민지'로서 기억이 보존되어 있다 보니 보통 서구에서 제국주의에 대해 느끼는 영광과 위엄이 아닌 무겁고 불편한 장면을 떠올리게 됩니다. 팀 마샬은 그의 저서 『지리의 힘』에서 19세기 세계를 지배한 영국을 짚으며 '위대함에 대한 집단적 기억'으로 이 시기에 대한 영국인의 마음을 서술했는데요. 그것과는 상반되는 게 우리의 심정인 것 같아요. 그래서일까요? 우리는 식민지 지배로 이어졌던 근대 제국주의가 20세기 중반 아시아·아프리카를 휩쓴 독립의 물결로 종말을 고했다고 '믿습니다'. 당연히 현재 우리 주변에서는 실재하지 않은 것으로, 나아가 그래서는 안 되는 것으로 금기시하며 부정하곤 하죠.

하지만 '제국주의'가 아닌 '제국'이라는 틀이 제공하는 상상의 폭을 가늠해봅시다. 뭔가 다르지 않나요? 멀리 고대 바빌로니아제국에서부터 중국의 진·한 제국, 원 제국과 유럽의 아테네 제국, 로마제국, 신성로마제국, 그리고 에스파냐, 네덜란드, 영국제국에서 독일과 오스만제국 심지어 대한제국, 일본제국에다 어쩌면 그 태생 때문에 스스로는 아니라 부정해 왔음에도 양태는 어느 제국보다 제국 같은 미국과 소련(소비에트 러시아)이 디자인해낸 무언가까지. 우리에게 각인된 제국주의 이미지는 이 유장한 흐름 속 일부에 지나지 않는 것 같지요.

놀랍게도 현재 지구상에서 주류라고 생각되고, 주류여야

만 할 것 같은 '민족(혹은 국민)국가'보다 '제국'이라는 틀이 세계사에서 훨씬 오랜 기간 지속했고 남긴 유무형의 유산도 더 많다고 합니다. 그리고 그 유산은 실제 우리 삶에서 형태만 바뀐 채로 지금도 계속 영향을 주고 있고요. 통치 체제, 문자, 도량형 단위에 수많은 건축물 기타 등등 사실 셀 수가 없죠. 누군가의 표현대로 인간 역사에는 민족보다 제국의 DNA가 더 우성으로 작용하고 있는지도 모를 일입니다. 제국과 제국주의가 무얼 가리키는 것인지 한 번쯤은 짚고 넘어가야 할 필요이기도 하겠습니다.

제국과 제국주의는 언제부터 쓰인 용어인가요?

\# 그러고 보니 제국과 제국주의에 관해 잘 모르면서 그냥 사용하고 있었던 거 같아요. 막연하게 부정적이거나 시대에 뒤떨어진, 뭐랄까 좀 현실성이 없게 느껴진다고나 할까요? 아예 깊이 생각해 본 적도 없는 거 같고요. 그런데 우리 삶 속에 '제국'의 유산인 게 많다니, 생각하니 진짜 그렇군요. 제국이라는 용어가 고대 로마 시대부터 시작되었다는 이야기만큼 놀라워요. 제국이 정말 로마 시대까지 기원이 올라가는 단어인 게 맞나요?

네, 맞습니다. 알쏭달쏭한 어떤 용어를 정리하는 데 가장 유용한 방법은 그 용례의 시작과 사용 과정을 살펴보는 건데요. 제국이라는 용어는 고대 로마의 라틴어 임페라레(명령하다)가 그 기원입니다. 임페리움은 '군관구' 즉, '임페라토르의 명령이 가능하고 이것이 통용되는 영토'를 가리켰습니다.

로마 역사에서 포에니 전쟁(로마가 카르타고와 120여 년 동안 벌인 전쟁)은 여러 면으로 결정적인 분기점이었는데요. 이후 로마는 특히 전쟁으로 획득한 땅에 총독을 파견해 속주로 통치하기 시작하거든요. 특히 전쟁이 잦은 국경 부근 또는 반란이 일어난 속주는 임페리움으로 지정해놓고 총독 대신 전권자 즉 임페라토르를 파견하죠. 속주 총독이 행정권만 가졌던 데 비해, 군관구의 임페라토르는 입법과 사법, 행정, 심지어 군권도 장악했습니다. 공화정 시기에는 임페리움이 로마 일부 지역에 불과했지만, 내전이 벌어지는 공화정 말기에 점차 확대되었고 결국 로마 전역이 군관구가 되었어요.

제정 시기 황제가 광범위하게 확장된 로마 전역에서 군권을 장악하는데요. 그러면서 '임페리움 로마눔'은 '로마가 지배하는 광대한 영토'를 뜻하게 됩니다. 군사적 총수가 가진 최고 권위에서 '지배'라는 좀 더 일반적 의미가 파생했고, 궁극적으로 그런 지배가 미치는 영역을 뜻하게 된 거죠. 그래서 일반적으로 제국은 '이질적인 배경을 가진 민족이나 국가 같은 공동체를 하나의 표준화된 체계로 지배하는 체제'를 의미하게 되었습니다.

그렇다면 제국주의는 어떨까요? 역사 속에서 제국주의가 의미 있게 사용되는 것은, 근대 서구의 정책과 맞물려 있어요. 19세기 중반인 1840년대 프랑스에 관해 쓰이기 시작한 뒤 여러 차례 변화를 겪습니다. 처음에는 나폴레옹 제국(나폴레옹 보나파르트 시대)의 영광을 회복하려는 프랑스 정치인의 정치 스타일 특히 나폴레옹 3세의 '욕심'을 가리키는 개념이었다고 해요. 그러다 1870년대 영국 자유주의자들이 당시 보수당을 이끌던 벤저민 디즈레일리의 대외 정책, 예컨대 수에즈 운하 매입이라든지 영국령 인도제국 성립 등 팽창정책을 비난하는 데 사용했다죠. 일종의 경멸적인 슬로건이었던 겁니다. 다시 말하자면 영국의 권력과 특권을 확대하기 위해 해외 영토를 이용하는 정책에 대한 부정적 표현이었어요.

하지만 1882년 영국이 이집트에서 아라비 파샤를 중심으로 일어난 민족주의자의 반란을 진압하며 이집트를 지배하게 된 시점부터 바뀝니다. 영국이 자국의 정책을 제국주의라며 긍정적으로 부르기 시작한 겁니다. 이집트는 당시 영국 부(富)의 원천인 인도와 본국을 연결하는 중요한 통로였거든요. 본국과 식민지에 퍼진 영국인들의 연방을 제국으로 지칭하면서 1900년에는 정치 현장에서 가장 강력한 시대적 조류를 뜻하게 되었는데요. 이 제국주의가 우리가 흔히 그려내는, 서구 유럽이 기술과 군사적 우위를 앞세워 아시아·아프리카를 식민지로 삼아 지배함으로써 정치적·경제적 세력권을 형성한, 그 사상이나 정책을 가리키는 용어가 되었습니다.

이후 20세기 두 차례 세계대전으로 근대 제국들이 해체됨으로써 제국주의는 종말을 맞았다고, 그와 함께 민족주의 국가 시대가 완벽히 도래했다고 우리는 배우고 생각해왔습니다. 세계가 냉전 중이었을 때 공산주의 체제를 선전하던 이들이 제국주의라는 표현을 썼지만, 그건 정치 성향을 보여주는 극히 특별한 용례라고 여겨졌죠. '미제국주의자'라는 표현처럼, 공산주의 진영이 그 반대 진영인 자본주의의 세계적 확산을 설명하며 이전 세기와는 다른 새로운 종류의 '자본주의적 착취'를 묘사하기 위해 사용한 거라고 정리하면서요.

근대 제국이라 불렀던 국가들도 멸망했고, 심지어 자본주의를 비판한 공산주의 체제의 맹주 소련 역시 붕괴한, 어찌 보면 전 지구적 전쟁 없이 평화롭고 자유로운 민족국가 시기가 드디어 지구촌에 도래한 것 같이 보이는 21세기 현재. 따라서 '제국이 소멸했다'라고 보이는 게 당연한지도 모르겠습니다. 제국주의가 영토 확장을 기본으로 했고, 하여 그 선봉이 군대였다는 것을, 그래서 전쟁이 끊임없었다는 것을 고려하면 말입니다.

현대적인 의미의 제국주의란 무엇인가요?

 # 정말 그렇네요. 황제를 '모시는' 국가 형태가 여전히 존재는 하겠지만요. 깔끔하게 표현할 수는 없어도, 뭔가 19세기 유럽이 아시아나 아프리카에 자행했던 약탈에 가까운 지배라든가, 아님 그걸 지향하던 지배자들과 당한 자들의 상황이 국내에서든 국외를 향해서든 아무렇지 않게 벌어지고 있다면, 요즘 같은 시대 많은 사람이 가만히 있지 않을 거 같아요. 진짜 소멸한 게 아닐까요?

네, 그렇게 볼 수도 있죠. 그런데요. 역사 속 유장하게 흘러온 제국의 활동을 곰곰이 살펴보면요. 좀 더 다각도에서 생각해봐야 할 것 같은 필요를 느끼게 됩니다.

제국이든 제국주의든, 더는 '부정적으로' 불리기를 원하지는 않지만, 실제로는 여전히 어떤 세력권 형성을 위해 질서를 만들고, 그 구성원에게 순응하기를 강제하는 최상의 권력은 현재에도 존재하고 있잖아요. 국가이건 혹 다른 무엇이건 말이죠. 학자들이 '비공식적 제국' '제국 없는 제국주의'라고 이름을 붙인 그런 부류까지 포함해, '특정한 인간 집단이 다른 인간 집단에 대해 가하는 어떤 직접적이고 권위주의적인 지배'라는 본질을 가진 거대한 권력체제는 여전히 존재한다는 겁니다.

사실 오늘날에 있어 고대나 근대 제국주의 시대처럼 무력 전쟁이 대규모로 빈번하게 발생하지 않는 이유는 권력의 속성이 바뀌었다기보다는 전쟁의 패러다임이 변화했기 때문이거든요. 근대처럼 전쟁에서 승리해 영토를 얻고, 그런 식민지에 군대를 주둔해본들 이익보다 치를 비용이 더 많이 발생한다는 걸 경험상 이젠 다 아니까요. 게다가 핵무기의 상호확증파괴라든가 세계화, 정보기술 산업의 부상 등은 영토 획득을 위한 무력 전쟁으로 얻는 것보다, 다른 방법으로 얻을 수 있는 이익이 훨씬 막대하다는 걸 보여주고 있고요.

그러니 현대의 제국은 영토적인 중심 권력을 만들 필요도, 고정된 경계나 장벽들에 의지할 이유도 없는 거죠. 대신 공간을 총체적으로 포섭하는, 사실상 '문명' 자체를 지배하려는 체제를 구상했던 거고요. 좀 어려운가요? 다시 말해 국경의 개념이 없는, 국경이 해체된 탈(脫)영토화 속에서 문화 지배가 중심이 되어갔다는 거죠. 예컨대 미국이 중남(라틴) 아메리카 국가들을 직접 식민지로 만들지는 않지만, 그들의 문화 자체를 미국화함으로써 미국의 지배력을 넓혔던 것처럼요.

그리고 제2차 세계대전 직후 이념적으로 이용되던 제국주의적 지배는 20세기 후반으로 올수록 경제적 이익에 초점이 맞추어 진행되었다는 게 사실에 가깝습니다. 현대 21세기의 제국은 무력이 아니라 돈으로, 그리고 돈을 위해 전쟁한다고 보는 이유인데요. 돈을 추구하는 게 아닌 것처럼, 더 높은 차원의 고상하고 우아한 무언가가 있는 듯이 포장하기도 하지만, 실제 자본주의 속내는 다 돈과 관련되어 있잖아요. 아시다시피.

미국과 중국이 벌이는 일명 '신냉전'의 무기로 '관세'가 사용된 지는 오래고요, 전쟁터를 누비는 것은 '무정하고 한치의 동정심도 없는' '다국적' 혹은 '초국적'인 기업입니다. 정치적·종교적·군사적 엘리트보다, 명문대를 중퇴하고 물건 팔기를 선택함으로써 엘리트이길 자발적으로 그만둔 '상인'이 위인전 목록에 들어가 있는 게 언젠가부터 당연해진 시대. 글로벌브랜드를 보유하고 있는 초국적 기업의 세계적인 활동을 위해, '민족'국가가 막강한 군대와 세계 기구를 장악하는 권력을 가지고 있어야 하는 상황이 펼쳐지는, 그런 제국의 시대가 된 겁니다.

이런 상황에서 초국적 기업이라는 제국이든, 아니면 G2(미국과 중국 대립 구도)를 구성하는 정치체로서의 제국이든, 그런 현대의 제국들이 종국에 노리고 싸우는 게 무엇일까요? 사실 별다른 게 아닙니다. 바로 우리 개개인의 지갑이죠. 현대 개인들 대부분이 자신의 정체성을 '소비' 또는 '과시'를 통해 가장 빈번하게 표현한다는 건 잘 알려진 사실이잖아요.

현대 제국들은 이윤 극대화라는 목표는 감춘 채 그런 '당신'의 소비를 돕고 이용 편익을 주겠다며 굉장히 선량하고 친절한 어조로 묻고 권하곤 합니다. 당신은 무얼 좋아하나요, 누구와 나누고 싶죠, 그럼 이건 어떤가요, 이걸 사면 다른 사람이 부러워할 더 멋진 당신이 될 텐데요 등등. 그걸 구매하기 위해 우리가 스스로 개방한 자료를 '빅데이터'라 불리는 엄청난 규모의 정보로 모으고 모아 분석하거나 새로운 제품이나 서비스로 만들어내죠. 필요로 하는 곳에 판매하기도 하는 건 물론이고요. 이를 더 효과적으로 진행하기 위해 국가 정치체는 세계적으로 권력을 발휘하기도 합니다. 물론 대부분 물리적 전쟁이 아닌 국제기구나 협약 등의 형태를 통해서고요. 심지어 우리 '사적'인 지갑을 아무런 제약 없이 그들 마음껏 들여다볼 수 있도록 그 형태를 디지털로 바꾸기를 계속 유혹하는, 그런 전쟁 역시 이미 발발한 상황이기도 합니다.

그리고 이런 모습들은 과거 제국의 그것과 상당히 겹치면서 현재에도 여전히 제국이라 명명할 수 있음을 보여주고 있거든요. 이 모든 것이, 앞으로 여정 속에서 자세히 만날 '내 지갑'과 '제국주의'에 관한 이야기들인데요. 어떠세요? 뭔가 감이 좀 잡히시나요?

'코카콜라'라는 브랜드 탄생에는 어떤 의미가 있나요?

\# 네, 아직 명확하지는 않지만 무슨 이야기일지 방향을 알 것 같아요. 그러니까 현대의 제국을 고대나 근대처럼 물리적·지리적 영토 획득을 통해서가 아닌, 영토를 초월한 질서 예컨대 문화나 이념, 기술 등에 기반한 체제를 만들어내고 그에 따라 지배함으로써 경제적 이윤을 얻어내려는 최고의 권위로 보자고 하시는 거죠. 국가가 될 수도 있고 기업이 될 수도 있고요. 결국 그들이 그렇게 패권이나 이윤을 획득하려는 사상 혹은 정책이 제국주의일 텐데, 그런 모든 행태는 과거 제국들과도 일치하는 면이 많은 거고요. 그렇다면요. 이런 현대적인 제국주의 전쟁이 본격적으로 시작된 건 언제부터라고 보면 될까요?

그건 최초의 '글로벌브랜드'가 출현한 시기라고 생각하면 좋을 것 같아요. 더는 물리적 국경이 의미가 없어진 전쟁터에서 총성도 포성도 없는 새로운 형태의 전쟁이 벌어지기 시작한 게 그 지점일 테니까요.

아시다시피 지난 세기 전반기 근 50년간 지구는 실제 전쟁 중이었습니다. 두 차례 세계대전은 19세기 휘황찬란한 위엄을 자랑하면서 대양과 대륙을 누비던 유럽을 끔찍한 폐허로 만들며 붕괴시켰죠. 그들이 지배하던 아시아·아프리카 역시 비극적인 현대사에 강제로 끌려 들어갔고요.

제1차 세계대전 당시 중립을 견지하고 있던 미국을 참전으로 이끈 것은 독일의 무제한 잠수함 작전과 독일 외무장관 치머만 전보 사건이었습니다. 전쟁은 결국 미국이 지원한 연합국의 승리로 끝나는데요.

1939년 나치 독일이 폴란드를 침공하면서 시작된 제2차 세계대전도 같은 양상이었습니다. 일본의 하와이 진주만 공습으로 참전하게 된 미국은 연합국 측에 막대한 자원을 쏟아부으며 2차 대전 역시 연합국의 승리로 종결짓는 실질적 역할을 했죠. 미국은 결국 국제사회를 이끄는 초강대국의 지위에 올라서게 됩니다. 그리고 이 과정에서 세계 최초의 글로벌브랜드 역시 미국에서 탄생하게 되는데요. 2차 대전 중 정부의 후원을 받으면서 성장해 전 세계를 상대로 장사할 길이 열린, 전 세계가 소비하기 시작한 첫 번째 제품, 바로 '코카콜라'랍니다.

인터브랜드라는 기업이 있습니다. 1974년에 설립된 세계 최대 규모의 브랜드 컨설팅 회사예요. 이 기업은 뉴욕에 본사를 두고 전 세계 브랜드들의 글로벌브랜드 가치를 조사하면서 브랜드 컨설팅을 수행하고 있어요. 2000년부터 해마다 '베스트 100대 글로벌브랜드' 보고서를 발표해오고 있는데요. 글로벌사업을 전개하는 브랜드를 대상으로 각각이 가지는 가치를 금액으로 환산해 순위를 매기는 겁니다.

2024년 보고서에 따르면 7위에 코카콜라가 랭크되어 있습니다. 더 상위권은 뭐냐고요? 애플이 12년째 1위 자리를 지키고 있고요. 마이크로소프트, 아마존, 구글, 삼성, 토요타가 차례로 그 뒤를 잇습니다. 거의 거대 기술기업들이 차지하고 있는 셈인데요. 21세기 전 세계 구석구석 손을 대지 않는 곳이 없는, 심지어 우주까지 향하는 이들의 특수성을 고려해본다면 수십 년 동안 브랜드 가치를 유지하고 있는 코카콜라의 저력이 정말 대단해 보입니다. 물론 그 와중 삼성에 대한 반가운 마음도 함께입니다만. 벤츠가 8위, 맥도날드가 9위에, 그 아래로 루이비통, 테슬라, 나이키, 인스타그램, 디즈니, IBM, 페이스북, 샤넬, 유튜브 등등 쟁쟁한 브랜드가 위치하는 데 비하면 말이지요.

이렇듯 현재 '세계에서 가장 많이 판매, 소비되는 음료'라는 타이틀이 무색하지 않은 코카콜라지만 시작은 아주 미약했다고 합니다. 1886년 미국 남부 애틀랜타주에서 약사 존 펨버턴이 지역 주민을 위해 만들었던 일종의 자연 강장제가 그 출발이었다는데요. 당시 여느 남부 지역과 마찬가지로 그의 고향에서도 남북전쟁에 패배한 충격에다 고된 재건 사업 탓에 쓰러지는 사람이 속출했었거든요. 제이콥스 약국에서 한 잔당 5센트에 판매가 시작된 뒤 하루 6잔 정도 팔리며 첫해 수입은 50달러에 불과했대요. 그런 코카콜라가 140여 년 가까이 지난 현재 전 세계 2백여 국가에서 매일 20억 잔씩, 초당 2만 잔이 넘게 팔리는 글로벌브랜드의 엄청난 위상을 보유하게 되었으니 정말 놀라운 일이지요?

그 과정에 몇 번의 분기점이 있었는데요. 로버트 우드러프가 코카콜라사를 인수한 것이 개중 하나입니다. 우드러프가 CEO로 취임한 이후 코카콜라를 세계에 알리려는 전략이 본격적으로 펼쳐지기 시작하거든요. 1928년 미국 올림픽팀은 공식 스폰서인 코카콜라 4만 병과 함께 네덜란드에 도착합니다. 암스테르담 올림픽에 출전한 미국 선수들에게 제공된 코카콜라는 이후 미국에서 들어온 이국적이고 재미있고 신선한 수입품으로 유럽 전역에서 광고되고, 제공되고, 판매되기 시작합니다. 물론 제품 판매에 올림픽을 적극적으로 활용하는 마케팅은 현재까지도 이어지고 있습니다.

그러다 매출이 급성장하는 계기를 맞는데, 바로 2차 세계대전입니다. 우드러프는 코카콜라와 올림픽처럼, 미군과도 연결고리를 만드는 데 성공하거든요. 당시 "코카콜라도 갑니다"라는 광고 문구에서 볼 수 있듯 참전 병사들에게 '우리도 함께한다'라는 동반자적 마음을 표현했고요. 실제로 미군이 있는 곳이면 어디서든 차가운 코카콜라를 마실 수 있을 거라는 약속을 지킵니다. 군복을 입은 사람이면 누구나 콜라 한

병을 5센트에 살 수 있었죠.

   당시 미군이 코카콜라에 열광할 수밖에 없었던 이유가요, 전장에서 정수한 물을 먹어야 했던 군인들의 속사정 때문이라는데요. 우리가 흔히 아는 정수가 아닌 정수 약으로 정수한 물 즉, 수영장 물맛의 물을 마셔야 했다네요. 그러니 전투나 훈련 후 마시는 코카콜라, 설명이 필요 없었겠죠. 결국 코카콜라는 미군의 사기 진작에 중요한 역할을 하면서 전쟁 시 필수품이 되어갑니다. 심지어 코카콜라에 빠져든 게 비단 미군만은 아니었다죠. 전장이 확대되어 코카콜라 공급이 끊기니까, 적군이지만 독일이 콜라 대체 음료를 만들려다 탄생시킨 게 환타라는, 유명한 서사가 말해주는 것처럼요.

   코카콜라는 빠른 공급을 위해, 전쟁 동안 유럽과 아프리카, 태평양 전선에 보틀링 공장이라는 해외공장을 세웠다는데요. 2차 대전 동안 미군에게 공급된 양만 무려 50억 병이었대요. 그렇게 전쟁을 타고 세계 소비자 입맛 역시 사로잡았고요. 코카콜라는 인물이 아닌 소비재로서 《타임》지 표지에 실린 최초의 예가 되기도 했어요. 1950년 지구가 코카콜라를 마시고 있는 디자인. 한국도 그해 발발했던 한국전쟁에 참전한 미군을 통해 코카콜라와 처음 만났다고 하는데요. 그렇게 전 지구적으로 어마어마한 인기를 구가하며 소비되면서 미국을 상징하는 아이콘이 되었으니, 그 시절 유럽을 비롯한 각국에서 코카콜라로 대표된 미국의 이미지를 상상할 수 있 겠지요?

제2차 세계대전 이후 세계는 어떻게 바뀌었나요?

6·25 한국전쟁과 그 이후 한동안 우리 뇌리에 박힌 미군의 이미지를 생각하면, 다른 국가들에도 미국이 비슷하게 보였을 거 같아요. 콜라 간 경쟁이나 제조 비법 이런 것들에 관해서만 호기심만 있었지, 코카콜라의 전쟁 관련 서사는 미처 몰랐어요. 코카콜라가 이렇게 세계로 나갈 수 있었던 건 당시 달라진 세계 상황과도 관련이 있을 것 같은데요. 미국의 부상이 가장 큰 이유겠죠? 2차 대전 이후 세계는 이전과 어떤 점에서 가장 크게 달라졌을까요?

맞습니다. 2차 대전이 끝나자 많은 것이 바뀌어 있었습니다. 가장 큰 변화는 미국의 엄청난 경제력이 드러났고, 그걸 기반으로 세계의 지도자로 부상했고 이를 세계가 인정한 것이었습니다. 물론 다른 한 편 소련을 중심으로 하는 세력이 형성되고 있었던 건 별개로 하고요. 사실 1차 대전 이후 이미 영국은 세계 경제를 이끌어갈 능력을 잃은 상태였죠. 반면 그럴 힘이 있던 미국은 이끌어갈 의지가 없었고요. 지도

력이 부재했던 서구 자본주의 세계는 대공황이 발생했는데도 적합한 해법을 내놓지 못하고 우왕좌왕할 수밖에 없었고, 그 결과 인류 역사상 가장 참혹한 전쟁의 발발을 막지 못했던 겁니다.

그런데요. 전쟁 종결 이후 1950년대부터 20년간 서구 자본주의 국가들은, 여기에는 한국전쟁을 발전의 기회로 삼은 일본도 포함됩니다만, 대부분 2차 대전 이전의 경제 수준을 능가한 것을 넘어 전례 없는 호황을 누리게 됩니다. 농업 대신 공업과 서비스업이 발달하고 생산성이 높아졌고요. 소득이 늘고 실업이 줄면서 국민은 풍요로운 생활을 누릴 수 있게 됩니다. TV를 대표로 하는 전자 제품이나 자동차 같은 내구소비재에, 풍성한 의류와 식료품까지 더해졌지요.

일명 '자본주의의 황금시대'라 불리는 이 시기 풍요의 기저에는 미국이 있었습니다. 생산성 증대에는 미국에서 확산한 포디즘이 자리잡고 있었고요. 포디즘은 표준화와 컨베이어벨트 시스템으로 대표되는 일관된 작업 과정을 말하는데요. 미국 포드 자동차에서 시작되었고 맥도날드가 도입해 패스트푸드 체인에 성공했죠. 유럽 부흥 계획(마셜 플랜, 유럽의 황폐된 동맹국 재건을 위해 미국이 계획하고 실행한 원조 계획) 등을 통해 서구 자본주의 세계에 미국이 제공한 경제적 안정성은, 1945년 이후 20년간 매년 실질 수치 7%에 육박한 세계무역의 성장으로 표현될 수 있었습니다.

미국은 해외 투자액에서도 독보적이었는데요. 마셜 플랜의 성공과 이로 인한 전후 유럽의 생활 수준 향상, 소비재 수요의 급증 현상으로 미국 기업이 비상할 수 있는 발판을 얻었기 때문이에요. 거기에 관세 및 무역에 관한 일반 협정(GATT)으로 여러 산업 분야의 관세 장벽이 제거되었으니, 미국 기업은 날개까지 단 셈이 되었죠. 국가라는 정치체가 기업의 경제적 이윤을 위해 국제 협약을 유리하게 이끈 실례 중의 하나라고나 할까요? 이 시기 다국적 기업의 성장으로 경제 성장은 더 이상 단순하게 각국 국경 내에서 이루어진 경제활동의 합으로만 볼 수 없게 됩니다.

여기서 잠깐, 다국적 기업에 관해 간단히 이야기하고 넘어갈까요? 다국적 기업은 본래 '다수의 국가에 걸쳐 제조 및 유통거점을 가지고, 정치적 경계에 구애받지 않고 세계적 차원에서 영업하는 기업, 혹은 국경을 초월해 가장 유리한 지점에서 자금 및 원재료 조달, 생산과 판매, 연구개발 등을 전개하는 기업'이라고 합니다. 즉, 하나 혹은 둘 이상의 국가에서 법인을 등록, 여러 지사를 거느리고 경영 활동을 벌이는 기업으로 요즘의 '초국적 기업' 혹은 '세계기업'에 해당하죠. 1953년 D. E. 릴리엔탈이 『대기업: 새로운 시대』에서 처음 사용했다는데요. 세계 최초의 다국적 기업이 뭘 거 같아요? 놀랍게도 1602년 세워진 네덜란드 동인도회사로 본다는군요.

실제 1960년대는 미국 다국적 기업의 전성기였습니다. 1950년 17억 달러였던 유럽에 대한 미국인의 직접투자 규모가 1970년 245억 달러로 향하던 시대. IBM, 포드, 켈로그, 하인즈 같은 미국 다국적 기업 거대 군단의 직원들은 제트여객기를 타고 호텔들을 옮겨 다니며 새 일거리를 찾아내고 있었습니다. 미국은 이미 일본의 해군력을 제거하고 태평양 섬들에 건설된 비행장을 확보하면서 함대 훈련을 할 수 있는 기술 발전을 이룩했고, 그래서 태평양은 일명 미국의 '호수'가 되어버린 터였죠. 이에 더해 7시간 걸리는 대서양 왕래를 흔하디흔하게 했던 다국적 기업 관계자들 때문에 대서양은 미국의 '연못'이라 불릴 정도가 되었어요.

그런데요. 이처럼 미국에서 시작된 다국적 기업의 거센 공세만큼 유럽인들을 긴장시킨 게 더 있었답니다. 바로 유럽 문화의 변화, 즉 경제적 풍요 속에서 발화한, 일명 "인류 역사상 가장 낭만적이었다"라고 회고되는 1960년대 대중문화가 '문화의 미국화'와 같은 의미로 변질되던 분위기입니다. 삶의 양식, 가치관 같은 문화는 형체는 없지만 사실 거대한 지배력이죠. 이 시기 맥도날드와 할리우드 영화를 선두로 미국식 생활양식과 문화가 유럽으로 침투하고 있었고, 그것은 세계를 향한 미국의 '문화적 지배'가 서서히 그러나 강력하게 시

작되는 징조였습니다.

1950년대 당시 할리우드는 1년에 500편의 영화를 제작하고 있었는데요. 그 속에서 펼쳐지던 미국의 이미지, 특히 당시 할리우드가 목표로 삼은 십 대 관객층이 열광하던 풍요로운 사회, 자동차와 반항, 도로 위 로맨스 등이 유럽으로 출격합니다. 할리우드가 낳은 최고의 배우로 꼽히곤 하는 말론 브랜도, 청소년기의 환멸과 소외의 문화적 상징 제임스 딘 같은 전설적인 배우와 함께 말이죠. 로큰롤의 제왕 엘비스 프레슬리도 여기에 더해졌고요. 그리고 그렇게 미국적 문화와 양식에 십 대들은 열광합니다. '철의 장막' 너머 동유럽에까지 그 파장은 엄청날 정도였지요.

그런데요. 문화에서 정치까지 기성세대에 반항을 펼친 60년대 새로운 청년들, 즉 '1968년 혁명'을 이끌고, 히피와 체 게바라, 호찌민에 열광한 새로운 세대가 그들로부터 출현했다는 게 참 아이러니합니다. 심지어 미국으로 넘어와 베트남 전쟁과 인종 차별에 반대하는 저항으로 번졌고요. 미국의 초창기 유수 기술기업의 창업자들까지 청년기 이런 영향을 받았고, 그래서 초창기 개인 컴퓨터가 '자유'라는 측면에서 태동했다는 것은 공공연한 비밀입니다.

미국을 로마제국과 비교할 수 있다고요?

이런 일련의 과정을 보면 제국을 건설하고 열광하게 하고 거기서 나아가 부지불식간에 저항하는 힘까지 부여한다는 점에서 경제나 문화 지배력은 단순한 게 아닌 것 같아요. 그리고 미국이 간 이런 길이 최초는 아니었을 것 같은데, 왠지 이 당시 미국의 모습을 보면 생각나는 제국이 있거든요. 그런 전형적인 형태를 과거 역사 속 제국에서 더 확실히 찾을 수 있지 않을까요?

네, 맞습니다. 그래서 실제로 두 제국 사이 공통점을 비교사학적인 측면에서 연구한 학자들도 있을 정도인데요. 제국이라는 명칭이 그곳에서부터 나온, 모든 제국이 꿈꾸던 모범으로서의 제국, 실체로서 존재했던 시간보다 더 오랜 기간 제국의 이상향으로서 살아있는 제국. 바로 로마입니다.

기원전 753년 쌍둥이 형제 로물루스와 레무스가 이탈리아반도 테베레강 근처에 로마를 세웠다죠. 로물루스는 화를 잘 내는 사람이었다고 해요. 레무스를 죽여버린 이유가, 로물루스가 쌓은 도시 성벽이 너무 짧다며 레무스가 놀렸기 때문이라나요.

어쨌든 그런 로물루스의 이름을 딴 작디작은 도시국가가 어느 순간 지중해를 호수로 만들어버리며 거대한 물리적 크기에 도달하지를 않나, 전 지구적인 차원의 경제와 자유무역, 시장 개방을 일찌감치 실현했다고 평가받지를 않나, 콘스탄티노폴리스가 오스만 튀르크 메메트 2세에게 함락된 1453년까지 자그마치 2천 년이 넘게 수명이 이어지지를 않나, 그 면면을 보면 수많은 학자와 작가가 연구와 상상력을 펼칠 대상으로 로마를 택한 건 당연한 일로 보입니다.

무엇보다 로마 이전의 그 어떤 국가도 로마 같은 능력이 없었고 근대에 이르기까지 어떤 국가도 그런 능력을 보여주지 못했다고 평가되는데요. 로마가 지배 권력을 수 세기나 지탱해낼 제도를 고안한 데다, 그런 성공을 설명하고 널리 알릴 설득력 있는 문화의 틀을 개발해 제국의 권력을 묶인시킬 수 있었기 때문이라죠. 심지어 오랫동안 성공적이었고요.

그런데요. 이탈리아반도를 통일할 때까지 로마의 확장 전략은 제국이라 불릴 당시 여타 정치체들과 좀 달랐답니다. 적의 도시를 정복한 후에도 파괴하거나 약탈하지 않았다는데요. 대신 평화조약을 제시했다고 하죠. 거의 거부된 적이 없는 조약의 내용은 대개 같았대요. 그에 따르면 정복된 도시는 자체의 법률에 따라 자체 지도자가 통치를 계속할 수 있었죠. 각 도시는 로마와 자유롭게 교역한 대신, 도시 상호 간 교역은 금지되었고요, 로마에 병력을 공급할 의무가 있었습니다. 그럼 당연히 로마에 대한 작은 도시국가의 경제적 의존도는 커지겠죠? 로마의 군사력과 경제력은 착실하게 성장할 수 있었을 거고요. 이와 함께 로마 내부적으로도 포용적이어서요. 일명 '공화정의 발달'이라는 범주로 구분되곤 하는, 전쟁에 참여해야 했던 평민들의 정치적 권익을 신장시키는 과정이 병행되었습니다.

이런 대내외적 전략으로 강력해진 로마는 기원전 275년 이탈리아 북부 루비콘강에서 남부 연안의 메시나 해협에 이르는 국가를 이룩합니다. 이탈리아반도의 통일을 이룬 거죠. 여기서 멈추지 않고 십여 년 뒤 결과적으로는 제국으로 향하는 길로 들어서며 문자 그대로 '레전드' 역사를 만들게 되는데요.

사실 우리는 후대 로마의 모습으로 유추해 당시 로마가 적극적인 확장 정책을 펼쳤을 거라고 쉽게 상상하곤 하지만요. 실은 이탈리아반도 바로 앞의 섬 시칠리아가 대국 카르타고의 세력권에 들어갈 수 있는 전쟁 상황, 즉 라틴계 용병이 시라쿠사와 전쟁에서 로마에 도움을 요청한 게 발단이 되어 벌어진 상황 때문요. 여러 차례 원로원의 토의와 고민 끝에 '자국 영토 보호' 취지에서 '방어적'으로 참전한 전쟁으로부터 시작된 거랍니다. 20세기 미국이 1, 2차 세계대전에 들어서길 주저했던 상황이랑 굉장히 비슷하지요?

기원전 264년 이렇게 시작되어, 하다 보니 120여 년간 계속되었던 포에니 전쟁이 로마에는 분기점이 되는데요. 전쟁에 발을 디딜 땐 주저했지만 일단 시작한 이상 기어코 승리해 당시 경쟁자였던 카르타고를 완전히 무너뜨리며 서지중해 해상권을 장악한 로마. 하지만 로마 역시 너무 길었던 전쟁과 그 결과 초래된 수많은 변화 때문에 그동안 공화정으로 통치할 수 있었던 국가 단계를 넘어서게 되었고요. 그라쿠스 형제와 스파르타쿠스, 카이사르, 폼페이우스, 그리고 안토니우스와 클레오파트라 등 수많은 인물의 서사와 함께 얽히며 로마는 결국 제국으로 향합니다.

로마 공화정과 제정이 다른 점은 무엇인가요?

 # 로마는 처음부터 굉장히 적극적으로 영토 확장에 나서고 군사적인 행동을 벌였다고 생각하고 있었는데, 그게 아니었군요. 그래서 공화정과 제정 시기를 분리해 로마역사를 배우곤 했던 거네요. 포에니 전쟁이 로마 역사에서 왜 그렇게 중요한지 알 것 같아요.

그렇습니다. 로마는 이 단계부터 영토 병합을 위한 군사 행동을 본격적으로 벌입니다. 황제였지만 전략적으로 황제라 불리려 하지 않았던 아우구스투스에서 트라야누스 황제 시대까지 로마제국은 팽창에 팽창을 거듭합니다. 중부 유럽으로 진군해 오늘날 스위스, 오스트리아, 불가리아를 정복한 장군들은 아우구스투스가 파견한 군인이었죠. 클라우디우스 황제는 브리튼섬을 정복하기 시작했고요. 2세기 초 트라야누스는 도나우강을 건너 다키아(루마니아) 지방을 영토에 편입시킵니다. 로마의 최전성기를 확립시킨 그의 뒤를 이어, 확정된 국경선에 엄청난 자원을 쏟아부으면서 방어 정책에 착수한 황제가 하드리아누스인데요. 브리튼 북부 그 유명한 하드리아누스 방벽 건설의 주인공입니다.

이처럼 지중해 연안을 벗어나 북부 및 중부 유럽까지 향한 로마의 팽창은 대체로 유럽 주요 하천을 따라 이루어졌고요. 반란이 일어나거나 야만인이 침입했을 때 신속하게 군대를 투입해 진압, 격퇴할 수 있도록 도로망 역시 크게 확장됩니다. 물론 야만인이 로마를 공격하기에도 유용한 도구가 된 건 아이러니지만, 현재 기차선로 폭의 기준이자 도량형 '마일'의 기원이 되기도 한 도로는 로마의 위대한 유산 중 하나입니다.

건국 후 6세기 만에 작은 도시국가에서 세계적인 제국으로 성장하며 지중해를 '로마의 호수'로 바꾼 로마. 오현제 시대라 불리는 로마의 평화 시기, 로마 관리가 지배한 곳은 무려 스코틀랜드 국경에서 페르시아 국경까지였습니다. 그토록 광대한 영토에 단일한 군사력의 지배가 미치고, 성공적인 통치가 이루어졌다는 것은 분명 로마의 놀랍고도 엄청난 능력입니다.

    그런데요. 이들의 지배력이 더욱 놀라운 것은, 그런 물리적 범위만이 아니랍니다. 제국 로마가 서쪽에서는 476년 동쪽에서는 무려 1453년까지 오랜 기간 그토록 많은 사람에게 권력을 인정하게 했다는, 바로 그 점입니다. 물론 오현제는 모두 유능한 행정가였고, 제정이라는 일종의 독재정치를 펼치면서도 원로원을 존중하는 공화정 형태를 유지했죠. 자기보다 더 오래 살아남은 아들을 두지 못했기에 제위 계승에 적합한 인물을 택해 양자로 받아들였고 이는 결과적으로 위대한 선택이 되어 로마의 번영을 가져왔고요. 하지만 그들 이후 군인 황제 등장을 비롯한 여러 쇠퇴 현상 속 부침 가운데에서도 꽤 긴 시간 제국이 유지될 수 있게 한, 심지어 물리적 멸망 후에도 역사 속에서는 관념으로 계속 살아남을 수 있게 한 그 힘에, 현대 제국이 차용한 로마제국의 비밀이 있답니다.

로마제국을 유지한 힘은 어디에 있었을까요?

그러고 보니 정말 그렇네요. 근 천 년 동안 로마라는 공동체를 유지한 힘이 진짜 무엇이었는지 생각해본 적은 없는 것 같아요.

그저 그렇게 오래간 걸 당연하게 여겼다고나 할까요? 사실은 그 광범위한 영토 내부에 수많은 민족과 다양한 공동체가 있었을 텐데 말이죠. 현대 제국이 따라 해 성공하고 있는 것 같은 로마의 그 힘이 과연 무얼까요?

'팍스로마나'. 다시 말씀드리지만, 로마의 전성기는 스코틀랜드 남부에서 서아프리카의 농경 지역에까지 이어진 로마의 여러 속주 위로 평화가 펼쳐진 시기였습니다. 그런데 놀랍게도 그 광대한 속주의 다양한 피정복민은 하나같이 로마 제국의 성원, 즉 '로마인'이 되길 원했고요. 심지어 로마를 '코무니스 파트리아', 공동의 조국으로 여기기도 했대요. 이게 어떻게 가능했던 걸까요?

사실 속주에 대한 기본적인 로마의 유인책은 로마 '시민권'이었습니다. 정복된 민족의 지도 계층을 멸시하거나 억압하는 대신, 로마 시민이 되는 걸 권력과 특권의 수단으로 인정하게 한 거죠. 시민권은 어떤 사람이 지도 계층의 일원이라는 표식일 뿐 아니라, 위로는 제국의 관리들, 아래로는 일반 대중으로부터 일정하게 보호받을 수 있다는 의미라고 말입니다. 그래서 지역 사회의 로마화는 일반적으로 귀족 계급에서 시작되곤 했는데요. 공직자들은 대개 인종이나 민족에 상관없이 당연히 로마 시민권을 부여받았습니다. 이를 통해

서서히 로마의 체계에 동화되고, 로마의 또 다른 유명한 유산 '로마법'에 동조하게 될 뿐 아니라 제국의 존속에 자신의 이익이 밀접하게 결부되어 있음을 뼛속 깊이 느끼게 됩니다.

물론 로마 시민권은 상류 계층에만 국한되어 주어진 건 아니었습니다. 하류 계층에서도 군 복무를 통해 시민 신분으로 편입되는 사람들 역시 많았던 거죠. 예컨대 공동체 자체에 '로마 식민 시(市)'라는 고귀하면서도 매우 유리한 자격이 부여되는 때처럼요. 이때는 자유민 남성 전원이 시민이 되었다고 해요.

정책 특성상 시민 수는 제국 전역에 걸쳐 꾸준히 증가합니다. 212년 결국 카라칼라 황제가 제국의 모든 자유민 남성에게 시민권을 주는 대규모 시민권 부여 정책을 펼치며 정점에 이르는데요. 피부색, 민족은 물론 계층을 구분하지 않고 시민권을 부여하는 정책이 로마의 문화나 가치관을 확산시키는 데 효과적이었다는 건 두말하면 잔소리겠죠. 수백 년의 세월이 흐르는 동안 당연히 제국의 통합에 유리하게 작용했을 거고요.

로마는 이런 시스템을 통해 아주 구석진 제국의 변두리에서조차 뛰어난 기술과 재능을 가진 사람들을 끌어냅니다. 노예나 콜로누스들은 주인과 땅에 묶여 있어야 했지만, 이들을 제외한 로마제국 전역의 신민들에게는 이동의 자유가 있었고, 신분 상승의 기회 역시 열려 있었거든요. 심지어 트라야누스처럼 속주 에스파냐 출신으로 황제가 되어 오현제 시대를 이어간 인물도 있을 정도였으니까요. 어떠세요? 당시 시민이 로마에 대해 가진 충성심을 이해할 수 있을 것 같지 않나요?

좀 더 친밀한 방법으로 상상해보면요. 마치 현대 우리가 어떤 기업이나 플랫폼의 '회원'이 되었을 때 얻을 수 있는 이익을 제공해주는 광고에 계속 노출되잖아요. 우리가 생각하기에 별 가치가 없는 몇 가지 소소한 각자의 개인정보를 입력하는 것만으로, 뭔가 특별한 사람이 되게 해준다고 믿게 되는 상황 말이에요. 예를 들자면 회원이 되어 어느 매장에서든 번호가 아닌 닉네임으로 불리는 걸로 다른 이들과 구분되는 소속감을 느끼는 것 같은 상황을 자꾸 접하게 되면요. 그러면 제품의 소비 차원을 넘어 그 브랜드 자체에 충성심이 마구 일어나는, 그런 요즘 우리 모습과 어느 면에서는 참 비슷하다는 겁니다.

그런데요. 이런 것들이 가능해지려면 이익 못지않게 다른 유인책이 있어야 하잖아요. 별로 가치가 없는 브랜드에 그런 충성심이 들진 않을 테니까 말이죠. 2천 년도 전인 로마에서는 이미 그런 사실을 알고 활용하고 있었는데요. 그래서 정치·사회적 시스템에 못지않게 제국 통합에 기여한 또 다른 원천이 있었답니다. 로마 문명은 그야말로 '매력적'이고 '우월'한 것이라고, 속주민이 여기도록 만든 거예요.

사실 로마인은 자신들의 문명을 다른 문명보다 우월하게 여겼어요. 그들은 유용하다고 판단이 내려지기만 하면 서슴없이 다른 민족들의 전통과 지식, 관습을 받아들였고 그것을 자기 문명의 우월과 연결 지었거든요. 그리스 문화와 관련해서는 더욱 그랬는데요, 지중해 연안을 정복한 뒤 고대 그리스의 문화적 계승자로 자처한 로마는 그리스 문학, 미술, 조각, 건축으로부터 엄청나게 많은 것을 흡수했답니다. 그리고 그리스처럼 도시 즉, 폴리스에 중점을 두어 뻗어 나가는 곳마다 새로운 도시를 건설했죠. 물론 그리스 올림포스 12신들에게도 그랬듯이 로마식 이름을 붙이고 로마식 건축법을 활용했지만요. 거기에다 모두 잘 아시다시피 검투사 경기와 사냥 경기 따위의, 대중이 좋아할 만한 로마 고유의 문화까지 고안해냈습니다.

거대한 원형경기장에서, 시리아에서 잡아 온 사자들과 그리스의 황소, 튀니지산 표범이나 영국에서 잡아 온 곰들이 검투사들과 싸우는 모습은 로마 시민들에게 로마제국이 세계를 아우르고 있다고 굳게 믿게 해주었습니다. 스코틀랜드에서 키프로스까지 제국 각지의 시장에서는 에스파냐산 생선과 아프리카산 올리브유가 거래되고 있었는데요. 유럽 강들과 지중해의 뱃길, 로마 도로로 이루어진 특별한 운송망이 상업을 유례없이 번창시키며 제국을 과시한 덕분이었죠. 심지어 인도양을 건너고 실크로드를 거친 로마 상인은 이국적인 향료와 향수, 화려한 비단과 옷감을 알렉산드리아, 로마, 런던의 시장으로 실어 날랐고요. 네 번째 현명한 황제였던 안토니누스 피우스가 '도미누스 토티우스 오르비', 즉, '온 세계의 군주'라는 칭호를 사용한 게 전혀 억지스럽지 않게 느껴지는 이유일 겁니다.

이 같은 문화적·경제적 풍요 속에 각 지역의 지도 계층은 로마가 발산하는 매력에 빠지면서, 로마의 일원이 되어 그 권위를 대대로 누리기를 원했습니다. 그래서 로마 학교로 보내진 이들의 자식들은 로마 시민이라는 로마 공동체에 충실한 성원으로 자라납니다. 라틴어와 그리스어를 유창하게 할 뿐 아니라 그리스·로마의 위대한 에피쿠로스 철학자들과 스토아 철학자들의 저서를 읽습니다. 토가를 줄기차게 입고, 세 개의 이름을 쓰는 로마식 작명법을 사용하며 신분을 과시합니다. 덕분에 2세기의 이탈리아, 에스파냐, 아프리카 상류 계층은 많은 공통점을 가지고 있었는데요. 마치 21세기 억만장자들의 모습, 예를 들어 출신학교, 언어, 주거, 패션, 사고방식 등이 국적과 상관없이 비슷한 것과 같은 맥락이라고나 할까요?

제국 전역에 걸쳐서 진행된 로마인 화(化). 심지어 서로마를 무너뜨리는 게르만족 역시 처음에 그랬듯이, 이 시기 로마제국의 외떨어진 변방인까지 모두 '로마인'이길 원했고 실제로 그들은 그렇게 되곤 했습니다. 그리고 보통은 두 세대도 지나기 전, 속주민 대부분은 로마의 가치관과 생활양식을 받아들이게 되었죠. 브리튼족과 베르베르족은 8만 5천 킬로미터 이상 이어진 어마어마한 도로망과 수로, 다리를 통해 연결되었습니다. 이 길을 따라 토가를 입은 로마 시민들로 붐비는, 정복된 민족들이 열심히 건설에 종사해준 덕분에 동일한 양식으로 지어진 신전과 원형극장, 목욕탕이 즐비했고요. 6천만 명에 달하는 시민들이 거주하던 '오르비스 테라룸', 즉 '세계'—로마제국은 로마 시민에게 세계였으니까요— 곳곳의 관리와 군인, 상인은 그리스어와 라틴어로 의사를 소통했습니다.

이런 로마의 매력적인 문화와 시스템은 결국 제국이 그토록 오랫동안 기능을 지속할 힘이 될 수 있었습니다. 속주민에게 시민권을 확대하고, 원로원 의원직은 물론 궁극적으로 황제의 지위에까지 오를 수 있도록 기꺼이 허용해 일부이지만 권력을 제국 구성원에게 나누어주었고요. 그리고 무엇보다 제국에 복종하지 않는 이들에게 필연적으로 가할 수밖에 없는 강압적이고 전제적인 지배에 의해서만이 아니라 구성원을 매력적인 문화의 힘으로 포섭하고 스스로 기꺼이 로마화하도록 만든 체제가 바로 로마를 그 오랜 기간 제국으로 통합해낼 수 있었던 동력이었던 겁니다. 무언가 '성공한' 제국이 가지는 원형에 대한 어떤 감이 오시나요?

할리우드 영화에 담긴 의미는 무엇인가요?

\# 네, 로마라는 하나의 조국을 만들어낸 '문화의 로마화', 들으면 들을수록 정말 대단한 힘인 것 같아요. 20~21세기 역사에서 이 현상이 특정한 국가나 기업을 중심으로 다시 비슷하게 재현되는 걸 보면요. 구체적 사실만 다를 뿐 그 패턴은 반복된다는 의미에서 역사가 유의미하다는 걸 새삼 깨닫는데요. 제2차 세계대전 후 '문화의 미국화' 현상도 같은 맥락이겠죠?

그렇습니다. 이제 다시 제2차 세계대전 이후 문화의 미국화 현상으로 돌아가볼까요? 이 점에서 볼 때 코카콜라 같은 글로벌브랜드의 활약도 그랬지만, 특히 할리우드 영화의 약진은 의미가 깊다고 할 수 있는데요. 단지 콘텐츠만을 팔았던 게 아니었다는 점에서 더욱 그렇습니다.

할리우드 영화는 그 브랜드와 이미지 안에 미국적 가치관과 세계관을 담아 판매한, 일종의 문화 군단의 선봉대라고 할 수 있었죠. 미국인의 삶과 사고방식, '아메리칸드림'과 함께 개인주의, 자유주의, 자본주의 그리고 물질 우선주의 같은 이념과 가치들이 매력적인 외형의 영화 속에 담겨, 거의 저항 없이 퍼져나갔거든요. 물론 영어(영국식 영어가 아닌 미국식 영어)라는 언어도 마찬가지였습니다.

자신도 모르는 사이 소유하게 돼버린 그런 문화적 '종주국'에 대한 '경외감', 미국식 문화를 받아들이고 향유해서 '선진' 문화인에 속하고 싶다는 일종의 '욕망'. 로마를 조국으로 받아들인 속주민의 열망 같은 것들이 유럽에 번지게 된 거죠. 할리우드의 세계를 향한 진격이 단지 미국 영화산업의 성공, 그것만을 의미하는 게 아닌 이유이고요, 2차 대전 후 당시 유럽이 근심스럽게 바라보던 까닭이기도 합니다.

그런 할리우드 영화의 힘은 21세기 현재에도 여전한 듯 보이죠? 그런데요. 그 안에 담긴 주제가 지난 반세기 동안 상당히 달라졌다는 사실을 알고 계시나요? 그동안 지구촌은 냉전과 탈냉전, 세계화와 정보화시대를 거치며 엄청 많은 변화를 겪었잖아요. 그래서인지 할리우드 영화도 아메리칸드림이라든가 세계를 구하는 미국인 영웅 같은 미국 중심적 서사 일변도에서 그 주제가 벗어나고 있는 게 사실이랍니다. 물론 자유민주주의나 미국적 애국심, 서구적 입장의 보편적 인권

등과 같은 사상적 코드가 완전히 사라진 건 아닙니다만.

그보다는 '전체 지구'의 평화를 지키기 위해 나서는 다양한 인종과 여러 스타일의 영웅들이 보여주는 위대하면서도 인간적인 이야기이거나, '보편적 인류애' 혹은 남녀 간의 사랑 같은 주제가 더 두드러집니다. 게다가 '실리우드'(실리콘 밸리의 기술과 할리우드의 합성어)의 특수효과는 이런 서사의 공간적 배경으로 딱 맞는 '환상'을 만들어주죠. 액션, 모험 같은 요소가 환상에는 필요한 법인데, 실리콘 밸리의 컴퓨터 그래픽은 작가, 제작자나 감독들이 혹은 관객이 원하는 모든 요소를, 아니 어쩌면 그 이상까지도 가능하게 해주니까요.

이제 할리우드 영화가 양식은 실리우드와 블록버스터, 장소는 환상, 구도는 보편적인 악에 맞서 싸우는 선, 이런 결을 타고 생산되니 이들이 배포될 곳의 문화적 차이를 세심하게 고려할 필요가 없죠. 그럼에도 넓은 공감을 끌어내니까 전 세계에 커다란 거부감 없이 여전히 매력적으로 접근할 수 있고요, 세계적으로 역대 최고 흥행 수익을 낸 상위 영화들이 여전히 할리우드 영화인 것도 당연하다 하겠습니다.

그런데요. 사실 이렇게 할리우드의 소재나 기법이 변모한 건 문화에 대한 미국의 접근이 변화했기 때문이랍니다. 1980년대까지 미국은 문화가 이념적으로 중요하다고 생각해서요, 자신의 가치와 사상이 해외에 전파되고 유포되는 것을 중시했어요. 텔레비전 프로그램이나 통신사 뉴스, 할리우드 영화, 애니메이션 등이 전 세계로 유통되도록 정책적으로 지지하고 지원한 이유였죠. '정보의 자유로운 흐름'이라는, 2차 대전 이후 수십 년 동안 주장한 미국의 커뮤니케이션 정책의 기조로 이를 정당화하면서요.

하지만 이런 미국의 시각은 1990년대 분명히 변해 있었습니다. 정보의 자유로운 흐름이 아닌, '정보의 경제적 접근과 이용'으로 표현되는 '경제적' 관점으로 변모한 거예요. 커뮤니케이션과 정보통신, 문화를 경제적 도구로 보면서요, 디즈니 애니메이션, CNN, IBM, 마이크로소프트, 애플, 구글 등이 미국 문화이고 상징이자 국제 무역 질서에서는 교역의 대상이 된 거예요. 이데올로기적 가치가 아닌 실제 이윤 획득 여부의 잣대로 문화를 바라보게 된 겁니다.

이제 국가는 문화를 통해 경제적 이득을 얻는 분위기와 환경 조성에 힘을 쓰고, 그것이 최대한 가능하도록 국제적으로도 힘을 기울입니다. 각종 국제기구와 회의, 협정을 통해 미국 기업들이 활발하고 자유롭게 활동할 수 있는 공간 즉 '시장'을 제공해주는 거죠. 그리고 구체적인 활동은 초국적 기업들이 담당합니다. 세계인에게 거부감없이 오래도록 잘 팔릴 수 있는 가장 매력적인 상품을 만들어내고 광고하면서요.

세계대전 직후와 달리 미국적인 것에 반대하는 거대한 흐름이 명확하게 존재하는 현시점에서 문화의 미국화라는 현상이 아닌, 어떤 형태로든 어떤 가치로든 자유 경쟁을 통해 경제적 이윤을 최대한 획득하려는 현상. 물론 실제로 자유 경쟁이 가능한지는 별개의 문제이긴 합니다만. 어쩌면 그 현상 자체가 21세기 미국의 상징이자 새로운 제국주의의 숨겨진 실상이라고 말할 수 있을지도 모르겠습니다. 그래서 많은 국가가 미국을 비난하며 대항 전선을 짜고 전쟁을 벌이면서도, 결국은 미국의 뒤를 따르고 있는지도요.

어떠신가요? 현대라는 역사 속 지점에서도 여전히 제국과 제국주의 개념이 유용함을 느끼셨을까요? 그런 맥락에서 이들이 그 권위를 획득하고 힘을 발휘하며 공고히 해가는 과정을 더 자세히 알아보면, 무언가 내 지갑을 둘러싼 수많은 관계가 더욱 명확히 드러나겠지요. '세계화'를 다음 이야기의 주제로 다루게 될 이유랍니다.

2

'스타벅스의 바나나'와 〈슬럼독 밀리어네어〉
_세계화, 수백 년의 미궁
(feat. 영국제국)

2023년 1월 국제 구호 단체 옥스팜은 「수퍼리치의 생존」이라는 보고서를 내놓았습니다. 그에 따르면 코로나19와 기후변화 같은 전 지구적 재난 속에, 세계 빈곤이 최초로 증가세를 보였다고 합니다. 25년 만에요. 그런데 신기하죠? 반대로 최상위 부유층의 재산은 급증했고 기업 이익은 사상 최고치를 기록했다는군요. 2020년 이후 새로 창출된 부의 약 2/3를 세계에서 가장 부유한 최상위 1%가 가져갔다는데요. 이건 하위 90%에 해당하는 인구 전체가 획득한 부의 6배가 넘는 규모라고 합니다. 뭔가요, 앙시앵 레짐 클리셰인가요?
 그런데요. 놀랍게도 코로나19 팬데믹 동안 평균 30시간마다 새로운 억만장자(순자산 10억 달러 즉 1조 3천억 원 이상을 보유한 부자)가 생겨나 코로나 이전보다 573명이 더 늘었대요. 그래서 2023년 1월 기준으로 전 세계에 2,668명의 억만장자가 있다죠. 특히 팬데믹으로 급격하게 가격이 오른 식품, 에너지 혹은 제약 부문 기업을 보유하고 있거나, 일명 정보통신(IT) 기술 기업을 이끄는 억만장자들의 수입은 상상을 초월할 정도라고 합니다. 단 24개월 만에 자신들이 23년 동안 쌓은 자산만큼의 부를 축적했다니요. 더 놀라운 건요, 억만장자 한 명이 탄생한다는 건 동시에 평균적으로 1백만 명이 극빈층으로 내몰린다는 뜻이라는 점입니다.

  이전보다 백만장자 되기가 어려워진 것도 사실이지만, 한번 백만장자가 되면 억만장자가 되기는 훨씬 쉬워진 그런 지금의 세계. "돈이 돈을 번다"라는 옛 어르신들의 평범하지만, 그 속에 '인플레이션', '실물자산의 가치 상승' 혹은 '자본집적'이나 '자본축적' 같은 어렵디어려운 경제적 뜻이 다 내포된, 그런 엄청난 문구가 실제 대규모로 실현되는 게 가능해진 그런 세상. 그것과 동시에 굶주림 속에서 잠자리에 들어야 하는 8억 명 이상의 무리 속으로 누구든 언제든지 떨어질 가능성 역시 극도로 높아진 세계. 지구인들의 이 같은 속사정이 '세계화' 때문이라는 사람과 아니라며 반발하는 사람들 사이 왈가왈부 말들이 많다는데요. 세계화가 뭐길래 수많은 사람의 입에 이런 내용으로 오르내리는 걸까요?

  이 이야기는 현대 제국주의가 그 풍요함을 확장해나가는

과정, 그리고 그 반대편 가난 속으로 빠져든 20세기 사람들, 혹은 21세기 여전히 빈곤에서 헤어 나오지 못해 고단한 사람과 실은 우리도 그럴 수 있는데 그렇게 되지 않을 거라 믿고, 그래서 아예 관심 밖인 우리 이야기입니다. 스타벅스의 바나나, 혹은 나이키의 축구공이거나 마이크로소프트의 콜센터에 관한 것일 수도 있는, 내 지갑과는 멀리 떨어진 것처럼 보이지만 실은 들어와 자리잡은 지 꽤 된 세계화에 관한 이야기를 함께 풀어볼까 합니다.

세계화란 무엇인가요?

세계화란 용어를 많이 들어보긴 했는데, 스타벅스나 나이키, 마이크로소프트 같은 회사 이름과 함께 들어서 그런지 새롭게 다가오는 거 같아요. 코로나19 팬데믹 동안 세계 빈부격차가 더 커졌다니 정말 놀랍기도 하고요. 그게 세계화와 연관이 있다는 것도요. 그런데 정말 세계화가 뭔가요?

사실 제국주의와 마찬가지로 세계화하면 떠오르는 이미지 역시 다양합니다. 스마트폰 속 오픈마켓에 들어가셔서 식품 카테고리만 훑어봐도 단박에 감이 잡히죠. 독일에서 수입된 소시지, 인도네시아산 과자, 뉴질랜드에서 만든 영양제, 프랑스산 버터, 에티오피아산 커피나 이탈리아산 스파게티 등등. 그야말로 세계 각지에서 생산된 제품이 우리가 소비해 주길 기다립니다.

그뿐인가요. 유튜브나 인스타 속도 마찬가지죠. 기어코 인내심이 폭발한 거 같은 지구의 더위나 추위, 폭우와 폭설의 '매운맛'에 때마다 올라오는 어이없는 해외 표정도 내 방 이불 속에서 볼 수 있는데요. "세상에 이런 일이" 하며 놀라면서도 이에 질 새라 '순한 맛'인 편에 속하는 한국 날씨를 올리며 조회 수에 신경 쓰는 우리죠. 좋아하는 가수, 배우의 일정이나 공연, 시상식, 브이로그, 혹은 공항 패션에 열광하면서 '팔로우'나 '공감', '챌린지'를 하며 적극적으로 동참하기도 하고요. 그들의 국적이나 살아가는 국가는 사실 거의 상관이 없죠. 드라마나 영화도 어느 국가에서 언제 만든 것이든, 원하는 OTT 서비스 플랫폼에서 원하는 시간에 볼 수 있으니, 이도 또한 물리적 국경이나 방송 시간에 별 구애를 받지 않는 셈입니다.

초행길의 외국 도시에서 맥도날드나 스타벅스 간판을 발견하면 반가우면서 안심되는 심리 상태가 뭔가 이상한 것 같긴 한데, 언젠가부터 당연해졌고요. 지구 반대편에서 발발한 전쟁 때문에 우리나라 환율이 오르내리고 주식시장이 요동을 쳐 댓글 창이 폭발하는 걸 보는 것 역시 더는 특별한 일이 아닙니다. 세계화가 우리 일상생활을 비롯한 모든 부분에 영향을 미치면서 실재하는, 현실의, 현상이 된 때문입니다.

'세계화'는 사실 1960년대 이전에는 듣기 힘들었던 용어입니다. 의견이 분분했던 이 개념을 정리해 보자면 '인간과 기술과 정보, 재화와 서비스, 그리고 이들이 사람과 상호작용하는 양태의 총체로서 문화가 국경을 넘어 상호 침투해 지역, 국가, 민족 간의 상호의존성이 심화하는 과정'이라고 할 수 있대요. 그래도 길죠? 간단히 말해 '국가 간 물리적 거리를 초월해서 여러 분야에서 일어나는 상호 작용이나 상호의존 관계가 증대되는 과정'이라는 겁니다.

우리는 이런 세계화가, 현재 지나고 있는 일명 '세계화 시대' 즉 20~21세기에만 진행된 현상이 아니라는 점에 주목하려고 해요. 시대나 지역에 따라 차이가 있긴 하지만, 항상 끊임없이 가까운 이웃이나 먼 지역과 교류하려 했던 게 인간이잖아요. 다만 세계화를 '상호의존적 네트워크의 전 세계적 확산' 현상이라고 이해한다면요. 아메리카 대륙을 포함한 대륙 간 상호 작용이 시작되는 15세기 말 이후로 시작점을 삼는 경우가 일반적입니다. 역사상 첫 번째 세계화의 출발점으로 말이지요.

이 지점에서 시작된 세계화가 꽃핀 19세기는요. 물론 이 시기의 세계에는 현재 개발도상국, 저개발국이 아예 포함되지도 않았지만요. 그즈음의 세계는 그 이전과는 상당히 달랐습니다. 산업 혁명이 견인한 발전이 엄청나리만치 놀라웠거든요. 19세기~1차 대전 직전 1인당 '생산'은 이전보다 2.2배 증가했다는데요. 같은 기간 1인당 '무역액'이 25배나 증가했다는 게 사실 더 의미심장한 수치죠. 1800년대 중반~1920년대 말을 인류가 본격적으로 경험한 첫 번째 세계화 시대라고 경제학자들이 정의하는 이유입니다.

그렇다면 두 번째 세계화도 있는지 궁금하시죠? 네, 있습니다. 1차 세계화는 제1차 세계대전으로 그 종말을 맞았는데 이후 대공황은 2차 세계대전으로 이어집니다. 세계화는커녕 유럽 각국이 폐허 더미 속에서 필사적으로 살아낼 방법을 찾던 20세기 초반이었죠. 이후 세계는 미소 냉전이라는 또 다른 국면에 접어들면서 미국을 중심으로 근 20여 년 이어진 자본주의 황금기를 보냈어요. 하지만 1973년 불어닥친 불황으로 그 시대의 종착점 역시 보이자, 유럽은 새로운 돌파구를 또 찾아다녀야 했고요. 결국 냉전의 끝을 향하던 세계에 일명 '신자유주의 시대'가 열려 현재까지 온 과정, 이를 대체로 2차 세계화라고 봅니다.

21세기 현재를 3차 세계화 시대라고 간주하는 사람들이 4차 세계화를 대비해야 한다는 의견을 내놓기도 하는 요즘입니다. '세계화는 끝났다'라고 하면서 새로운 시대의 준비를 주장하는 사람들도 있는 건 물론이고요. 사실 그 누구도 앞으로 어떤 시대가 도래할지, 사회가 어떻게 유지 또는 변화할지 완벽히 알 수는 없겠지요. 하지만 지금까지 왔던 세계화의 흔적을 되짚어 보면 앞으로의 방향과 적어도 그 길에서 피해야 할 수렁이나 구덩이 정도는 예측할 수 있지 않을까요?

1차 세계화는 사람들의 삶에 어떤 영향을 미쳤을까요?

세계화가 20세기나 21세기에 나타난 지극히 최신의 경향이 아니었군요. 그러고 보면 세계사에서 신항로 개척 이후 신대륙이나, 인도·중국 같은 아시아에서 새로운 물건이 들어와 유럽인의 의식주를 굉장히 변하게 했다고 배운 적이 있는 거 같아요. 그때부터 세계화가 반복되어 나타난 거라니, 어떻게 사람들의 삶에 영향을 미쳤는지 시작부터 궁금한데요?

그렇죠? 그런 의미에서 1차 세계화부터 차근차근 살펴보려고 하는데요. 이에 앞서 먼저 유럽 국가가 근대 제국주의 국가로 발돋움한 서사를 짚어봐야 할 것 같아요.

알고 계신 대로 1492년 콜럼버스의 아메리카 대륙 도착 이후 일명 '신항로 개척'이라든가 '지리상의 발견', 혹은 '대항해 시대'라는 지극히 서구 중심의 이름이 붙는 수많은 탐험과 정복이 행해졌습니다. 에스파냐의 주도로, 그동안 거의 교류가 없던 대륙 사이에 광범위하게 대규모 접촉이 발생했죠. 이때 '신대륙'에서 에스파냐로 유입된 은은 당시 비단, 양초, 의류 등 고가의 상품을 공급하던 베네치아나 네덜란드, 프랑스 은행으로 흘러 들어가 16세기 후반~17세기 전반 유럽에서 급격하게 물가를 올렸고요. '가격혁명'이라고 불린 이 현상은 '상업혁명'으로 이어집니다.

이게 유럽 경제에 큰 영향을 미치는데요. 예나 지금이나 비슷한, '물가는 오르는데 임금은 제자리'인 현상을 일으켰거든요. "내 월급 빼고 다 올랐다"라는 탄식은 그러고 보면 유구한 전통과 역사를 자랑하는 것 같죠? 노동자의 생활 수준은 저하되지만, '지주나 상인의 초과 이윤은 늘어나고, 자본 축적으로 이어지고, 이로부터 산업·금융업 등에서 대규모 경영이 촉진되면서 자본주의적 생산 발전의 토대가 마련되었다.'라고 경제학자들은 당시 상황을 설명하곤 합니다.

에스파냐의 쇠락과 맞물린 17세기는 네덜란드의 황금시대였고요. 네덜란드를 이어받아 제조업 중심의 근대적 자본주의 경제체제로 가장 먼저 이행한 국가가 바로 영국입니다. 18

세기 대외적으로는 프랑스와 대결에서 승리하고 대내적으로는 산업 혁명을 이룩하며 근대 세계적 권력의 정점에 도달하면서였지요.

19세기를 주도하게 된 영국은 '자유무역'을 열렬하게 주장하기 시작합니다. 자유무역이 뭐냐고요? 말 그대로 '관세나 다른 규제 없이 자유롭게 국가 간의 경제적 교환이 이루어지는 무역'입니다. 반대인 '보호무역'은 자국 산업을 보호하기 위해 관세, 수입 할당제 등 여러 규제를 통해 정부가 대외무역에 개입하는 무역이죠. 자유무역을 당당히 주장할 만큼 제조업 분야에서 세계 제일이라는 자신감을 가지며 세계 시장을 선도한 영국의 길을 따라 19세기 프랑스, 미국, 독일과 일본 등도 산업 혁명에 성공했고요. 이들의 경제발전은 국제적 교류의 증대로 이어졌어요. 그래서 19세기 후반은 국가 간 물적·인적 교류가 비약적으로 이루어진 시기, 즉 세계화 시대였다고 평가되는 겁니다.

이 당시 국제교역과 자본 흐름의 양을 국민총생산과 대비해 보면 오늘날 우리가 경험하는 세계화와 매우 유사하다고 해요. 특히 증기선, 철도의 발명으로 더욱 촉진되었다는데요. 덕분에 당시 국경을 넘는 노동력의 이동을 인구에 대비해 봐도 우리가 경험한 세계화와 비슷했다고 하고요. 이주 인구도 생각보다 아주 많았대요. 1914년 이전, 각국은 전시를 제외하고는 여권을 요구하지 않았다고 하니까요.

전신, 전화의 발명 역시 마찬가지 역할을 했다고 하는데요. 당시 국가들이 비슷하게 자본주의 경제 체제로 돌입하면서 이 체제가 지니는 특성인 경기변동 역시 동시에 경험하게 됩니다. 호황-후퇴-불황-회복-호황으로 순환하는 경기변동은 영국에서 19세기 전반에 이미 나타났어요. 그런데 19세기 후반 공업화와 무역량 증가에 교통·통신의 발달까지 맞물리니, 한 나라의 경기변동이 다른 국가에 미치는 파장이 굉장해진 거죠. 일례로 1866년 대서양 케이블이 연결되자마자 뉴욕 금융위기가 런던이나 파리로 빠르게 옮겨붙어 버렸거든요.

그랬기 때문에 1873년 발생한 경기 불황은 이전보다 충격이 컸고, 그 여파나 강도도 전례 없이 컸대요. 이런 세계 최초의 국제적 불황은 열강들이 원료 공급지나 상품 판매지로서 해외 식민지를 보유하는 제국주의적 팽창정책을 본격적으로 추진하도록 만들었습니다. 물론 일찍이 무역 상대국, 예를 들어 인도 같은 식민지를 식량이나 원료 생산국 지위로 묶어두고 제조업 국가로 성장하지 못하도록 막았던 영국의 전례가 모범이었고요. 뒷받침한 건 당연히 군사력이었죠. 그런 군사력은 아시다시피 결국 제1차 세계대전과 유례가 없는 대공황, 그리고 2차 세계대전이라는 전무후무한 전쟁으로 세계를 이끌어갑니다. 전쟁은 당연히 세계화를 끝장내버렸고요. 그와 함께 무너진 19세기 제국들 대신 미국이 새로운 초강대국으로 탄생했던 거예요.

스타벅스 바나나에 숨겨진 서사는 무엇인가요?

19세기 경제가 발달하고 교류가 활발해지면서 서구 유럽 국가가 발전했지만, 그 때문에 각국이 불황에 쉽게 영향을 받고 그게 제국주의적 팽창정책이 추진된 이유 중 하나였다니, 정말 과거나 현재나 별반 다를 게 없는 거 같아요. 그럼 1차 세계화가 종식되고 새롭게 초강대국이 된 미국은 이전의 제국주의 국가들과 달랐나요?

어땠을까요? 그 답을 찾아보기 위해서 생뚱맞지만, 바나나 이야기를 좀 해보려고 해요. 한국에서 바나나가 그야말로 비싼 과일의 대명사인 시절이 있었다는 사실, 알고 계시나요? 1991년 파인애플이랑 같이 수입 자유화가 되기 전까지는 그랬답니다. 평소엔 비싸서 먹을 엄두도 못 내다가 어쩌다 특별한 날 먹을 수 있던 그 맛은 진짜 뭐라 표현할 수 없던 것 같아요.

당시 바나나가 세계에서 재배되지 않아서가 아니라요. 필리핀, 대만과 경제 분쟁 대상이어서 우리나라에 수입이 제한되었던 거라 그렇게 비쌌대요. 세월이 꽤 흐른 뒤에, 원래 바나나는 역사적으로 비싼 적이 없던, 세계가 가장 많이 거래하고 소비하는 과일이라는 사실을 알고 얼마나 당황했던지요. 우리가 사 먹을 때는 한 송이에 3천~5천 원이지만 농장에서 수확될 때는 약 4센트, 40원 정도라는. 그야말로 저가의 대량생산 과일이라니 말입니다.

요즘 한국은요. 쟁쟁한 열대·온대 수입 과일, 오렌지, 키위, 파인애플 등등을 다 제치고 바나나가 압도적인 수입량 1위를 차지하고 있다죠. 1974년 출시되자마자 단번에 온 국민의 입맛을 사로잡은 단지 모양 우유에, 비싼 몸값의 진짜 바나나는 넣을 수 없어 '바나나맛 우유'라 이름 붙여야 했던, 그 시절 한국에 비하면 정말 상전벽해입니다. 심지어 지금은 한국인의 지갑을 열기 위해 각국 브랜드의 바나나가 경쟁한다는데요. 주스 덕분에 친숙하게 느껴지는 '델몬트'가 있고요. '스위티오'로 바나나 계의 고급짐을 대표한다는 돌, '자연왕국', '스위트 마운틴', '감숙왕'이라 이름 붙여 판매되는 스미후루도 있어요. 개중 '치키타'라는 바나나가 일명 스타벅스 바나나랍니다.

바나나는 실제 스타벅스에서 나름의 포지션을 가지고 있습니다. 뭐랄까, 매장에서 바질 치즈 포카치아를 맛나게 먹으며 과제를 했는데 어딘가 2% 허전할 때? 잠깐 즐기는 커피 한 잔의 여유지만 육아는 병행해야 할 때나 시간 약속에 늦겠다는 친구 기다리느라 들어가서 제일 싼 무언갈 찾을 때 등등. 바나나가 딱인 때죠. 사실 한 개 1천5백 원이면 가격대도 있긴 한 건데 워낙 기대를 안 해서 그랬던 건지, 별다른 생각 없이 우연히 먹었다가 예상보다 꽤 상당했던 상태, 깔끔한 포장과 달콤한 맛, 쫀득한 식감에 기분이 좋아진 적이 있었는데요. 게다가 환경 공정무역 바나나라는 선전에, 이런 나의 소소한 소비를 통해 무언가 세계가 눈곱만큼은 정의롭게 변화되는 것 같은 그런 느낌적인 느낌을 받기도 하니까 더 그런 걸까요?

그런데 이렇게 스타벅스의 이미지와 함께 소비되는 치키타 바나나는요, 그 탄생의 저변에 외관과 어울릴 법한 깔끔함이나 따뜻함 그런 것과는 거리가 먼 서사를 가지고 있답니다. 외려 이기심이나 불편함, 잔인함에 더 가까운 서사라고나 할까요? 냉전 그리고 미국과 중남 아메리카, 다국적 기업과 개발도상국이 얽히고설킨 비극에 가까운 이야기 말입니다.

배경은 20세기의 거대한 세계화인데요. 1870년 1차 세계화 물결이 한창 일렁이고 있던 무렵이었죠. 미국에 자메이카산 바나나가 소개됩니다. 곧 상품화 가능성이 높다고 본 보스턴 무역상들이 재빠르게 수입에 뛰어들었다는데요. 개중 바나나에 최초로 브랜드를 만들어 붙여 팔면서, 코스타리카를 시작으로 중남 아메리카를 바나나 생산 거점으로 삼아 실로 거대한 제국을 세울 회사가 설립됩니다. 국가들에 도로 같은 기간 시설을 건설해주는 대가로 땅을 무상이나 헐값에 불하받고 그곳에 바나나를 재배하는 방식으로 세력을 키운 회사였습니다. 이 회사는 '문어'라는 별칭으로 불릴 정도로, 손을 뻗친 범위가 과테말라, 온두라스, 콜롬비아 등 어마어마했다는군요.

이들은 자신의 특권 유지를 위해서는 심지어 쿠데타를 사주해, 민주적으로 선출된 과테말라 대통령을 쫓아내고 독재 권력을 지원하기도 하는 행동도 서슴지 않았고요. 여기에서 이어진 과테말라 내전은 1950년대부터 지속됩니다. 20만 명이 살해되고요, 1백만 명 이상의 망명자를 낳았다고 해요. 장장 40년, 대한민국 역사로 보면 한국전쟁 휴전 이후부터 IMF 사태를 맞을 때까지인 그 긴 시간 동안 말입니다.

그보다 전인 1928년에 벌어진 콜롬비아 '바나나 학살'에도 깊게 관련되어 있었대요. 바나나 농장 밀집 지역인 시에나가에서 정부군이 농장 노동자들을 기관총으로 학살해 수천 명의 사망자가 나온 사건이거든요. 당시 노동자들은 요구사항을 내걸고 시위하고 있었다죠. "하루 8시간 노동과 주 6일 근무, 그리고 급여를 현찰로 달라!" 요구 조건이 좀 이상하죠?

노동 근무 시간은 그러려니 하지만, 급여는 뭐가 문제였을까요? 그곳 노동자들은 급여를 임금 대신 쿠폰으로 받고 있었다는군요. 그걸로는 바나나를 싣고 미국으로 갔던 배가 돌아오면서 잔뜩 실어 온 미국산 햄이나 농작물만 살 수 있었대요. 기가 막히지요.

이 회사는 더 값싼 바나나 공급을 위해 현지 주민에게 강압적 노동을 강요했던 건 물론이고요. 형편없는 숙소에서 생활하게 하고 예전 에스파냐가 식민지를 운영하던 방식처럼 회사가 운영하는 매점에서만 물건을 사게 했대요. 터무니없이 높은 가격 때문에, 노동자들은 아무리 일해도 빚을 졌고 결국 그걸 갚기 위해 대를 이어 노동자 신분이 되어버리곤 했죠. 쿠폰도 그것과 같은 결인 거예요. 이 회사는 파업이 계속되면 농장을 다른 나라로 옮기겠다고 콜롬비아 정부를 협박했고요. 그게 두려웠던 정부는 자국민을 학살했던 겁니다.

이런 모든 사건을 일으키고, 실제 이 사건들의 중심이 된 회사가 '유나이티드 프루트 컴퍼니(UFC)'고요. 1984년 UFC가 이름을 바꾼 게 바로 '치키타 브랜즈 인터내셔널'입니다. 스타벅스의 바나나. 그 바나나를 재배, 수출, 공급하는 회사의 이름 치키타는 미국의 일명 '신(新)제국주의의 첨병이자 상징'으로 여겨지던 극도의 부정적 이미지를 탈피하려는 과정에서 신분 세탁을 위해 탄생한 거죠.

굳이 애쓰지 않고서는 이런 역사를 알 리 없는 우리는 그들이 세탁한 이미지에 지갑을 기분 좋게 열고 맛있게 먹을 뿐 아니라 나름 괜찮은 소비라며 만족하는 거고요. 물론, 이걸 안다고 뭐가 달라지나 하는 생각이 들기도 하지만, 그렇게 따지다 보면 우리 인생에서 안다고 하여 달라지는 게 뭐가 그리 많겠어요? 무언가를 '앎'으로써 그걸 소비하는 내 '존재' '자체'가 달라져 있고, 그래서 무언가 결정적인 순간이 왔을 때 좀 더 나은 선택을 할 수 있는 내가 될 수 있지 않을까, 생각해봅니다.

바나나 공화국은 왜 그런 형편에 놓이게 되었을까요?

치키타 입장에서는 정말 숨기고 싶은 역사겠어요. 사실 안다고 해서 오늘 당장 사 먹는 데 큰 영향을 미치는 건 아니겠지만, 그래도 그런 역사적 사실을 소비자가 인지하고 있다는 자체가 적어도 그런 행태가 다시 나오지 못하도록 하는 견제는 될 수 있겠죠. 그런데 대체 일개 기업이 어떻게 그런 엄청난 일들을 벌일 수 있었던 거죠? 상대는 국가들이었잖아요.

그게 중요한 점입니다. 사실 UFC 같은 기업이 이런 일들을 벌일 수 있었던 데는 당연히 뒷배가 필요했어요. 20세기 본격적으로 시작된 미국의 제국주의적 행보랄까요? 중남 아메리카의 파나마 운하 건설과 파나마 독립이 그 행보의 신호탄이었는데요, 운하 공사를 맡은 프랑스회사가 파산했거든요. 그 결과 에펠탑으로 유명한 에펠은 불명예스러운 조사와 은퇴로 내몰렸고, 많은 프랑스 서민 역시 파탄으로 치닫게 되었습니다.

이때 파나마 운하 부설권과 조차권을 넘겨받아 완성한 게 미국이었습니다. 그 후 지배권을 확보하기 위해 미국은 파나마를 콜롬비아로부터 독립시켰고요. 1914년 파나마 운하가 개통되자 중앙아메리카 국가들의 바나나와 페루, 콜롬비아, 베네수엘라의 석유, 칠레의 구리에 달려들었죠. 그리고 이런 과정에서 일명 '바나나 공화국'이 탄생하게 됩니다.

바나나 공화국은 1차 상품 수출에 의존하면서 서구 자본에 경제가 예속된 국가들을 일컫는 말입니다. 즉 국가 경제에서 중요한 위치를 차지하는 게 1차 상품인데, 그게 대부분 미국의 다국적 기업에 의해 좌지우지되고 있던 국가라는 거죠. 대체로 중남 아메리카의 엘살바도르, 니카라과, 과테말라나 온두라스 등을 지칭하곤 했습니다. 그러다 점차 외국 자본에 의해 지배당하거나 부패, 독재 등 정치적 불안정과 극심한 빈부격차로 구제 불능 상태에 있는 국가들을 경멸하는 표현으로 확대되었어요.

이런 국가들이 출현했던 건 물론 자신의 이익을 위해 국가 기반 시설의 통제권을 미국 기업에 넘긴 지배 세력이 있었던 '덕분'입니다. 그런데 여기에 냉전이라는 당시 세계 체제도 큰 몫을 담당합니다. 앞서 말씀드렸다시피 첫 번째 세계화는 제2차 세계대전 이후 끝났는데요. 이제 빈곤한 식민국가는 원료를 수출하고, 부유한 식민지 모국 국가는 공산품을 수출하던 그동안의 교역 관계가 변화해야 할 시간이 온 거였죠.

근대 제국에서 독립한 빈곤 국가는 노동집약적 제조업으로, 부유한 국가는 자본 집약적 산업으로 갈 길이 나뉘게 됩니다. 하지만 결국엔 빈곤 국가 중 한국, 대만 등 일부 동아시아 국가만 노동제조업을 거쳐 자본 집약적 산업으로 이동하는 데 성공했고요. 대부분 빈곤 후발 국가, 대개 아프리카나 중남 아메리카의 국가는 원료나 상품 작물 수출국의 상황에서 벗어날 수가 없었습니다.

왜냐고요? 양차 대전 이후 세계 질서는 자본주의와 공산주의 진영으로 양분되었죠. 미국을 중심으로 하는 서구 자본주의와 소련을 중심으로 하는 동구 공산주의는 여러 면에서 경쟁했는데요. 군사력 경쟁은 말할 것도 없었고요, 중립적인 국가를 상대로 동맹이나 우방을 구축하는 데도 몰두하게 됩니다. 새로운 동반자를 추가한다는 건 자기 진영의 힘을 강화할 뿐 아니라 체제 우월성을 입증하는 것이기도 했으니까요. 그 때문에 아프리카와 중남 아메리카의 빈곤한 국가들은 미·소 경쟁에서 정치적 혼란에 휘말려 희생되는 경우가 많았어요.

미국은 특히 지리적으로 가까운 중남 아메리카 지역에서 공산주의 정권이 들어서는 것을 필사적으로 막습니다. 이 과정에서 그 국가에 진출한 다국적 기업을 위해 정치적인 간섭까지도 마다치 않았던 겁니다. 과테말라의 쿠데타와 내전이나 쿠바와의 갈등은 대표적인 예들이죠. 당연히 다국적 기업은 20세기 초 시작한 원료나 상품·작품 취급을 더욱 확대해 막대한 이익을 벌어들일 수 있었고요. 미국의 19세기 제국주의 국가와 별반 다름없는 이런 모습은 UFC가 폭력적 권력을 행사하는 데 중요한 배경이 되었던 겁니다.

바나나 공화국들은 현재까지도 여전히 민주주의 국가로 재탄생하기 위한 과정에 있는데요. 대체로 힘겨운 진통이 여전하여 상황 개선이 쉽지 않아 보입니다. 정치적 불안과 사회적 갈등이 심각하고, 높은 실업률에 빈부격차가 극심해 전체 인구의 절반 이상이 빈곤선 이하의 생활을 하고 있습니다. 지금까지 국가 경제를 바나나에 의존하고 있는 과테말라의 수도 과테말라시티의 쓰레기 매립장 상황은 그런 현실을 대변하는 예라고나 할까요?

〈슬럼독 밀리어네어〉의 콜센터에 의미가 있다고요?

아, 들어본 적 있어요. 유독성 물질도 여과 없이 버려지는, 중앙 아메리카 최대의 말 그대로 '쓰레기 캐년'이라고 불리는 곳이라죠? 매일 수천 명의 가난한 사람들이 여기서 쓰레기를 뒤지고 있다면서요. 돈 되는 걸 찾고 있는 거라던데. 그런 상황의 책임을 어느 한 곳에 묻기도 어려우니 어떻게 풀어나가야 하는 건지. 하지만 냉전도 결국 끝났잖아요? 거기에 맞춰 다국적 기업도 변화하지 않았을까요? 왠지 그 시기가 또 다른 분기점이 될 거 같은데요. 맞나요?

네, 정확합니다. 영원히 견고할 듯 보였던 냉전도 다른 모든 역사와 마찬가지로 결국 1990년 사멸을 맞았죠. 베를린 장벽은 예고 없이 어느 날 폭삭 무너진 것 같지만, 사실 그 과정을 촉진시킨 게 있었는데요. 1970년대 다시 한번 세계에 불어닥친 불황과 그를 타개하기 위해 시도된 새로운 세계화였어요. 세계는, 주로 정치적 요인이 부의 분포에 영향을 주던 시기를 지나 본격적으로 경제적 효율성의 논리에 따라 움직이는 시대로 접어들게 됩니다. 다국적 기업 역시 여기에 맞춰 변화를 꾀해야 했겠죠. 노골적으로 폭력적인 방법으로는 바나나 공화국들을 지배할 수 없게 된 이들이 새로운 세계화 시대에 적응하기 위해 택한 방법. UFC가 치키타라는 새로운 이름으로 바꾼 것이 어쩌면 그 모든 변화의 상징일지도 모르겠습니다.

세계 다국적 기업들과 세계 경제는 어떻게 또 돌아가기 시작했고, 그것은 현재까지 우리와 어떤 관계를 형성하고 있을까요? 이런 호기심에 대한 해답을 2차 세계화가 시작된 배경과 그 진행 과정에서 찾아볼까 합니다. 그런 의미에서 정말 재미있는 영화 한 편을 소개해드릴게요.

2008~2009년 아카데미 8개 최다 부문 수상, 영화로 받을 수 있는 모든 상을 휩쓸었다 평가된 화제작이 있었습니다. 대니 보일 감독의 영화 〈슬럼 독 밀리어네어〉인데요. 인도 작가 비카스 스와루프의 소설 『Q&A』가 원작인 이 영화의 주인공은 뭄바이 빈민가 출신 고아인 열여덟 살 자말 말라크입니다. 자말은 거액의 상금이 걸린 '누가 백만장자가 되고 싶은가?'라는 인도 최고 TV 퀴즈쇼에 참가합니다. 변호사, 의사, 교수 같은 고학력 엘리트들도 중간에 탈락하는, 쉽지 않은 퀴즈쇼다 보니 사회자는 애초부터 자말의 출신 성분을 들먹이며 무시하고 약을 올렸지요.

그런데 모두의 예상은 뒤엎어집니다. 차례로 난해한 문제들을 맞히며, 최종 라운드에 올라버리거든요. 정규교육도 받지 못한 그가 선전하는 것을 좀체 이해하기 어려웠던 경찰은 부정행위를 의심해 사기죄로 체포한 것도 모자라 고문까지 합니다. 하지만 그 과정에서 자말이 살아온 고난의 인생 순간순간이 모두 정답의 실마리였다는 사실이 밝혀지며 큰 감동을 줍니다.

자말은 콜센터 회사에서 차를 나르는 심부름꾼이었습니다. 그의 태생과 성장 배경상 인도에서 할 수 있는 직업은 현실적으로 많지 않기 때문인데요. 영화에는 자말이 동료 대신 콜센터 전화를 받는 장면이 있습니다. 전화를 건 미국 고객은 그와 말이 잘 통하지 않자 "혹시 인도에서 전화 받는 거 아니냐?"라며 짜증을 냅니다. 자말은 "옆 동네에 산다"라며 둘러댔지만, 고객은 결국 불같이 화를 내며 전화를 끊습니다. 이게 무슨 상황인 걸까요? 우리가 이 장면이 단번에 이해가 되지 않는 건요. 콜센터가 미국 기업의 아웃소싱(외주, 기업에서 제공하는 일부 서비스를 외부에 위탁하는 것)으로 운영되던 인도 상황이 낯설기 때문입니다. 기업의 아웃소싱은 1990년대 중반 이후 성장의 급물살을 탄 현상이자 두 번째 세계화와 밀접한 관련이 있는 이야기랍니다.

2차 세계화와 아웃소싱은 어떤 관련이 있나요?

정말 재미있겠는데요? 한번 봐야겠다는 생각이 들어요. 그러고

보니 진짜 언제부터인가 '외주를 준다'라는 표현이 갑자기 많이 들렸던 것 같아요. 드라마 제작에서 많이 봤던 것 같고 책 편집도 그렇고요. 아웃소싱이라고 하는 거군요. 그런데 이게 두 번째 세계화와 관련이 있다니, 어떻게 된 거죠?

네, 차근차근 가볼게요. 양차 세계대전 후 유례없던 자본주의 황금기는 일명 '포디즘적 축적체제'와 '케인스주의적 복지'에 기반을 두고 있었습니다. 어려운 표현인가요? 다시 말하면 컨베이어벨트를 통해 생산 공정을 규격화해 대량생산 대량소비의 시기를 연 시스템, 즉 포디즘으로 자본이 모이고, 경제학자 케인스의 주장대로 국가가 국민 복지를 위해 돈을 많이 쓰면서 자본주의 황금기가 굴러갔다는 뜻입니다.

올더스 헉슬리는 그의 명작 『멋진 신세계』에서 이에 대한 날카로운 통찰을 보여주고 있습니다. 그는 작품에서 미래 세계의 기원을 '예수님'이 아닌 '포드 님'으로 설정하고, 과학기술이 모든 국가 시스템을 통제하는 미래 사회를 그렸습니다. 이를 통해 곧 다가올 물질문명과 전체주의적 체제의 위험성을 상징적으로 지적했지요, 무려 1920년대에 말입니다.

그런데 실제 현실에서 이런 자본주의 체제를 전반적으로 수정해야 한다는 분위기가 도래하는 때가 온 거예요. 물론 이유는 좀 달랐지만요. 1970년대 두 차례에 걸친 석유파동이

전 세계를 강타하면서 지속적인 불황이 찾아왔고, 이를 타개하기 위한 원인 분석이 이루어졌거든요. 경제학자들은 위기의 원인을 '인플레이션과 노동자의 임금 상승으로 인한 수익 감소, 그리고 정부의 복지 부문 확대로 인한 국가 예산의 비효율적 지출'이라고 앞다투어 진단했죠. 세계적인 경기침체가 지속하자 이런 주장, 즉 '임금 상승과 국가 개입이 비효율적'이라는 주장은 더 힘을 얻게 되었고요.

결국 여태까지의 자본주의에 반대하는 '신(新)자유주의자'가 등장했는데요. 이들은 국가의 역할과 개입을 최소화하고 국가의 통제보다 다시 시장 기능을 중시해야 한다고 주장했어요. 애덤 스미스 때처럼 말이지요. 그래서 이들을 일명 신고전학파 경제학자, 신자유주의자라고 부르는 거랍니다. 공기업조차 민영화해서 경쟁을 통해 이익을 내도록 다그치기도 한 사람들이었는데요. 대처리즘을 낳은 마거릿 대처 총리와 레이거노믹스의 주인공인 로널드 레이건 대통령이 이를 정책으로 연결한 대표적인 영국과 미국의 지도자였습니다.

이런 분위기에서 세계를 새로운 양상으로 이끄는 변화가 일어납니다. 생산과 금융의 세계화 현상을 촉진한 여러 변화였죠. 정보기술 분야의 발전으로 저비용 통신망이 성장한 게 기본이었고요. 거기에 생산 체계를 유연화하려는 기업의 전략이 많은 변화를 일으킨 겁니다. 생산 체계의 유연화는요 그런 거죠. 세계는 점점, 유행 주기는 짧아지고 상품에 대한 수요는 급격하게 변하잖아요. 거기에 맞추기 위해 다품종 소량 생산으로 체제를 전환해, 기업이 생산비를 줄이려는 전략이랍니다. 대량생산 대량소비에서 변화한 거죠.

그럼 생각해볼까요? 생산비에서 가장 쉽게 줄일 수 있는 게 뭘 거 같으세요? 네, 바로 노동자의 임금이죠. 결국 노동자들을 시장 상황에 따라 쉽게 해고하거나 임금을 동결하는 겁니다. 1997년 IMF 사태를 맞은 한국에서 강력한 구조조정 명목으로 대량 해고를 진행할 수밖에 없었던 것도, 이런 맥락에서였던 거고요. 그런데 중요한 건요. 선진국은 이미 노동자의 임금도 높은 데다, 해고도 쉽지 않도록 노동조합이 활성화되어 있었거든요. 기업은 다른 전략이 필요했겠죠? 그래서 나온 전략. 생산 공정 중 반복 작업이 요구되는 업무를 분리해 노동력이 저렴한 빈곤 국가로 이동시키는 것, 아웃소싱이 바로 그것입니다.

자, 이런 의미에서였다면 어떤 산업이 가장 먼저 이동했을까요? 당연히 높은 인건비를 감당하기 곤란한 노동집약적 산업이겠지요? 미국 오리건주에 본사가 있는 나이키가 티셔츠를 박음질하거나 운동화를 꿰매는 작업을 인도네시아 같은 해외공장으로 이전한 게 그 일례인데요. 1990년대 초반 인도네시아 신발 생산 노동자가 '하루' 평균 1.03 달러를 받았

는데, 같은 시기 미국 노동자는 '시간'당 6.94달러를 임금으로 받았다고 해요. 얼핏 봐도 상황이 이해되시죠? 2020년 나이키 미국 본사에는 약 7천 명이 근무했는데요. 해외 직원을 포함하면 직원이 7만 5천여 명에 달했다고 하니 말 그대로 뭔가 세계화가 이루어진 것 같지 않나요?

나이키만이 아닙니다. 이윤을 극대화하기 위한 생산 공정 세분화가 기업들 사이에서 더욱 확산하는데요. 미국에서 팔리는 폴로셔츠 한 장만 봐도, 중국에서는 자수를 놓고, 상표는 과테말라에서 박음질하고, 단추는 멕시코에서 달아요. 대개 그런 식인 거죠. 이렇게 해외공장에서 생산된 상품이 다시 미국을 비롯한 부유한 국가로 재수출됩니다. 이처럼 초국가적 거대 기업이 전 세계를 대상으로 투자하고 생산하고 소비를 촉진하는 현상이 더욱 활발해지면서, 좀 어려운 표현으로 하자면 초국적 기업을 통한 국제적 자본이동이 진전되면서 세계화는 급속히 진행되었습니다.

아웃소싱 분야가 확산하면서 인도가 부상했다고요?

그렇군요. 제조업의 아웃소싱이 생산 체계의 유연화와 관련이 있고, 그렇게 세계화가 진행되었던 거군요. 그런데 기업이 이윤

극대화를 위해 생산 공정을 해외로 이전하면서요, 인건비만 고려했던 건 아니겠죠? 이런 아웃소싱이 제조업 분야에서만 일어났던 것도 아니었을 거고요?

물론 기업은 인건비가 저렴한 국가를 제일 먼저 고려하죠. 어느 정도로 저렴하냐 하면, 사실 온종일 티셔츠에 폴로의 로고를 박음질하는 과테말라 여공이 월급으로 그 티셔츠를 살 수 없다는 게 실제 현실입니다. 어마무시한 노동 강도로 종일 일하지만 겨우 생계를 꾸릴 정도의 임금만 받거든요. 이게 가능한 상황이니 기업이 그곳 노동자를 고용하는 거죠.

고용 안정성이 낮은 건 당연한데요. 작업량이 많을 때는 집중적으로 노동하라 강제하고, 작업량이 감소했을 때는 단기간에 해고할 수도 있다는 이야기입니다. 이러다 보니 기업은 여성과 어린이 노동자를 선호하게 되었지요. 적은 임금을 받으면서도 장시간 노동을 감내하고 노동조합도 만들지 않으니까요. 예전에 나이키가 생산한 수제 축구공이 파키스탄의 5~14세 어린이들이 노예와 같은 조건에서 하루 20시간 가까이 일해 만든 것이라며, 전 세계적인 비난을 받기도 했던 이유입니다.

그런데 이런 저렴한 인건비에다 고려하는 것이 더 있답니다. 정부에서 세금 혜택을 많이 주면 좋고요. 노동조합이 약하거나 아예 존재하지 않으면 더 좋죠. 심지어 환경 부문에 대한 의무도 적은 곳, 그런 곳이 그야말로 선호하는 지역이라고 해요. 그래서 선진국 공장을 유치하려는 빈곤국 정부는 '경제자유구역'이라는 걸 지정해서 노조 설립을 막고 각종 세금 혜택을 제공하며 환경 규제는 완화해줍니다. 노동 조건 개선을 요구하는 노동자들을 저지하기 위해 경찰을 투입하기도 하고요.

이렇게 해서라도 정부가 다국적 기업을 유치하려고 하는 건, 대체로 선진국 공장이 들어와 주민들이 일자리를 얻고 그래서 지역경제가 활성화되면 결국 국가 경제에 도움이 될 거라고 여기기 때문이래요. 정부나 주민들이 다국적 기업 행위에 대해 부당함을 표현하거나 환경 규제를 강화한다면 그들은 언제든지 다른 나라로 공장을 이전할 태세를 갖추고 있는 기업인데도 말이지요. 바나나 공화국이 떠오르는 건 저뿐인가요? 예나 지금이나 국가 발전에서 가장 우선이어야 하는 게 무엇인지 선택하는 건 해결하기 힘든 난제인 거 같아요. 그래서 과학기술이 발달할수록 윤리나 철학, 역사 같은 인문학이 더 필요한 법인데, 생각할수록 현실이 여러 가지로 심란한 한국 교육이지요.

이런 식으로 아웃소싱은 제조업 분야의 기업에서 최초로 이루어졌어요. 그러다 정보통신 분야에서 엄청난 혁명이 진행되면서 저비용 통신망이 성장했고, 그래서 1990년대 이후 아웃소싱은 IT 활용에 기반한 비즈니스 프로세스, 서비스 분야로 확대되기 시작합니다. 기업 '서비스'의 상당 부분, 즉 회계, 컴퓨터 프로그래밍, 그리고 보험, 의료, 신용대부업 등 소비자 관련 콜센터나 정보처리 부분 등이 해외 지역으로 대거 이전된 거예요. 예를 들어 미국에서 마이크로소프트에 전화를 건 소비자의 전화를 해외에서 받아 상담, 처리하는 방식이 시작된 건데요. 역시나 값싼 노동력과 좋은 입지 조건을 찾아 이동시켰겠죠.

그런데요. 선진국이 이를 위해 가장 먼저 떠올린 국가가 어딘지 아시겠어요? 바로 인도였던 거예요. 왜 그럴까요? 콜센터 같은 서비스 입지로서 인도가 지닌 매력 때문이죠. 영어는 가능한데 선진국에 비해 저렴하고 풍부한 인력. 그거거든요. 영국 식민지 시절을 겪으며 공용어로 영어를 채택한 덕분에 온라인상 소비자 관련 업무에서 기업에 인도가 정말 매력적으로 다가왔던 겁니다. 과거 식민지 역사가 디지털 시대 매력 조건이 되다니 정말 아이러니지요?

영국이 인도를 식민지로 둘 수 있던 힘은 무얼까요?

 # 영국이 영어를 인도에 강요한 게 아니라 인도가 영어를 공용어로 채택했던 거라고요? 정말 놀라운데요. 어떻게 그런 사고가 가능했을까요? 그러고 보면 영국은 19세기 제국주의의 표상에 1차 세계화를 이끈 주역인데, 그런 영국을 떠받친 게 인도였다고 했던 것 같아요. 영국의 대외 정책 대부분도 인도를 지키기 위했던 거라고 배운 거 같고요. 영국이 인도를 그렇게 오랫동안 식민지로 삼을 수 있었던 힘은 뭔가요? 인도가 영어를 공용어로 채택한 게 관련이 있을까요?

그렇습니다. 18세기 중엽부터 백여 년 동안 계속된 인도 번왕국의 저항이나 세포이 항쟁 같은 사건에도 불구하고 영국은 인도를 2차 대전 이후까지 식민지로 둘 수 있었는데요, 먼저 그 힘에 관해 이야기해볼까요?

20세기가 시작될 즈음, 즉 빅토리아 시대 말경 영국제국은 3천1백만 제곱킬로미터가 넘는, 전 세계 지표면의 25퍼센트라는 어마어마한 땅덩어리를 차지하고 있었습니다. 우위를 점하던 대양까지 합치면, 그 면적은 지구의 70퍼센트에 육박했는데요. 이들이 19세기 세계 패권을 잡은 결정적 요인은 앞선 산업력과 금융력, 그리고 경쟁 상대를 찾을 수 없던 해군력이었지요.

영국은 당시 현대적인 산업 분야에서 전 세계 조업 능력의 40~50퍼센트, 유럽 조업 능력의 55~60퍼센트에 해당하는 조업 능력을 갖췄고요. 세계 제조업 생산고의 5분의 2를 담당할 정도로 산업 분야 대국이었습니다. 18세기 가장 먼저 성공한 산업 혁명으로 '세계의 공장'이 된 덕분이었죠. 이런 산업력이 뒷받침하고 있는 파운드화를 통해 세계 경제를 좌지우지했던 세계의 은행이기도 했고요. 2차 대전 이후에는 달러가 그 역할을 이어받은 거죠. 게다가 당시 엄청난 규모의 전함을 보유한 영국 해군 '로열 네이비'의 병력은, 버금가는 3~4개국 해군을 합친 것보다 더 막강했어요. 1815년 이후 80년 동안 그 어느 나라, 어느 동맹국들도 영국의 해상 패권에 도전장을 내밀지 못할 정도였습니다. 1860년 그즈음 전 세계 상선의 4분의 1 이상이 영국 국기를 휘날리며 항해했고, 그 비중은 꾸준히 늘어났다고 합니다. 1차 세계화를 이끌었던 이른바 '대영' 제국의 위엄이었습니다.

세계 인구의 2퍼센트에 불과하던 빅토리아 시대 영국이 이처럼 여러 분야에서 제국의 힘을 보유할 수 있던 배경은 국내, 국외적 측면으로 나누어 볼 수 있습니다. 먼저 영국 국내적으로는 관용 혹은 포용을 들 수 있을 것 같아요. 당시 다양한 인종과 종교 집단에 잉글랜드인들과 같은 사회적, 정치적 권리를 누릴 수 있는, 즉 영국제국의 정식 국민이 될 기회를 주었거든요. 그래서 잉글랜드·웨일스·스코틀랜드 인이 진정으로 하나의 '브리튼'이 됐고요. 종교적 박해를 피해 이웃 국가에서 도망쳐 온 이민자들 역시 영국 국민이 될 수 있었죠. 그게 뭐 그리 대단한 거냐고요? 몇 가지 예를 보시면 이게 얼마나 놀라운 정책이었는지 감이 오실 거예요.

당시 영국에서 손꼽히는 금융가나 상인, 장군, 총독 가운데 대다수는 물론 잉글랜드인이었지요. 하지만 유대교도나 위그노, 스코틀랜드인의 기용과 그에 걸맞은 기여 역시 압도적이었다고 해요. 단적인 예로 벤저민 디즈레일리를 보면요. 세파르디 유대인(디아스포라 이후 이베리아반도에 정착한, 에스파냐·포르투갈 계열 유대인)이었던 그의 가족은 영국 국교도로 개종했는데요. 본인은 세례를 받았음에도 유대교는 버리지 않았다고 합니다. 그런 사람이 두 차례나 영국제국의 수상을 지낼 수 있었던 겁니다.

'세계 최강국이 가진 최강의 금융 기구'이자 영국이 프랑스를 앞서는 데 결정적인 역할을 한 잉글랜드 은행의 경우에도요. 스코틀랜드인이 입안했지만, 창립 자금은 위그노가 댔고요, 은행의 대부금을 중개한 건 유대교도였대요. 유대교도는 런던 주식거래소도 설립했고, 영국에서 다이아몬드와 은·금이 거래될 수 있게 하면서, 런던을 당시 금융의 선진도

시였던 암스테르담에 맞설 세계적인 금융 중심지로 만들기도 했습니다. 제임스 와트라는 스코틀랜드인이 개량한 증기엔진과 철을 제련하는 용광로가 없었다면, 영국은 전함 워리어 호처럼 해상 제패에 결정적인 역할을 한 선박들을 만들어내지 못했겠죠. 게다가 스코틀랜드인은 영국 해외 식민지에 파견되어 당시 잉글랜드인이 기피하던 중간 관리자 역할을 톡톡히 해내기까지 합니다. 요컨대, 스코틀랜드, 유대인, 위그노 같은 비잉글랜드인, 비국교도 집단의 재능과 자본을 이용해 영국제국은 엄청난 규모의 이득을 손에 넣었다는 거죠.

대외적으로는 약간 달랐는데요. 멀리 떨어진 속주민의 충성심을 북돋기 위해 매력적인 공통의 정체성을 만드는 데 가장 성공했던 제국, 로마 기억나시죠? 그들처럼 영국도 문명화 팽창주의 사명을 그대로 받아들여 정복한 방대한 영토 전부를 통치하고 장악하려고 했습니다. 자기 문명을 근대화, 선진, 우월함과 계속 연결해 끊임없이 선전하면서 말이죠. 당연히 인도가 가장 주요한 대상이었고, 인도의 유력한 가문의 자제나 뜻있는 젊은이들이 영국으로 유학해 선진적이라 여겨지는 영국을 경험하고 오는 게 낯설지 않은 일이 되어갔습니다. 로마의 속주 지도자의 자제들이 로마로 가 그곳에서 학교에 다니고 로마 공동체의 일원이 되었던 것과 같은 맥락입니다.

그런 와중 어찌 보면 인도의 미래를 결정지을 중요한 사건이 벌어지죠. 서구화·근대화 바람이 한창 불던 인도에 1823년 국민교육위원회가 설치되었을 때 가장 쟁점이 된 사항은 '인도인을 근대화시키기 위해서는 어느 나라 언어로 교육해야 할까?'였다는군요. 벵골의 브라만 가문에서 태어나 영국 유학 후 돌아온 람 모한 로이는 인도가 식민지 상태를 벗어나기 위해서는 서구식 근대화가 필요하다고 생각했고요. "인도인의 수준 향상에는 수학, 자연과학, 화학, 해부학을 포함하는 자유주의적이고 개화된 교육이 필요하며 이런 서양의 지식을 얻기 위해서는 영어로 가르쳐야 한다."라고 주장했답니다. 그리고 그의 주장대로 영어가 공용어로 채택됩니다. 이후 종교, 교육, 정치 등 근대 인도 사회의 전반에 걸쳐 개혁을 추구했던 람 모한 로이는 '근대 인도의 아버지'로 평가받고 있습니다.

영국제국의 인도 지배에는 어떤 숨겨진 비결이 있나요?

우리나라 일제 강점기가 생각나는 부분이네요. 일본어를 강제받는 상황에서도 우리 조상들은 역사, 우리 말을 잊지 않으려고 민족문화수호 운동을 벌였었는데, 국가에 따라 정말 대응 방식이

다른 거 같아요. 그런데요. 영국은 동인도회사를 통해 인도를 통치하다가 빅토리아 여왕이 직접 통치하는 방식으로 바꾸었다고 들었어요. 그건 어떤 의미가 있는 건가요? 아무리 문화를 매력적으로 포장하긴 했어도, 영국에 유학을 가 자유주의나 민족주의 세례를 받은 인도 지식인들은 영국의 행태가 그와 모순적이라는 걸 깨달았을 테고, 차별이나 억압에 대한 다양한 저항도 있었던 걸로 알고 있는데. 그럼에도 정말 오랫동안 식민지로 둘 수 있었잖아요? 그 점과 관계가 있나요?

네, 그 점이 바로 현대 제국이 빌려다 사용하고 있는 중요한 힘인데요. 영국이 인도를 통치하는 데 '중간 관리자'를 적절히 이용했던 데 그 비결이 있습니다. 인도의 토호 세력을 이용하고 분열 정책을 펼쳐서 인도라는 그 거대한 국가의 통일을 막거든요. 벵골 분할령도 그런 맥락에서 취해졌던 거고요. 사실 그런 정책을 취할 때까지 '세포이 항쟁'으로 대표되는 동인도회사의 실패라는 값비싼 비용을 지불해야 했지만 말입니다.

아시는 바와 같이 세포이 항쟁은 소총의 탄약통 기름 때문에 일어난, 세포이라는 영국 동인도회사 인도 용병의 저항이었지만, 순식간에 인도 민중의 민족주의 전쟁으로 확산했습니다. 황궁을 점령한 이들은 영국의 보호를 받고 있던 무굴

제국의 바하두르 샤 2세를 압박해 명목상의 지도자로 내세우고 '인도인의 나라'를 선포하기까지 했죠.

반격에 나선 영국은 군대를 투입해 가까스로 델리를 탈환하는데요. 영국군은 바하두르 샤를 미얀마의 양곤으로 추방하고 무굴제국을 공식 소멸시켜 버립니다. 그리고 이듬해인 1858년 인도를 빅토리아 여왕이 직접 통치하는 완전한 식민지, 인도제국으로 격상시켰죠. 인도를 사실상 대리 통치해온 동인도회사의 기능을 정지시켜버린 겁니다. 인도 민중의 봉기가 동인도회사의 미숙하고 전근대적인 대리 통치 때문이라고 판단했기 때문입니다.

이후 시작된 인류의 5분의 1에 대한 직접 통치는 인도의 영국인과 원주민을 확실히 분리하는 데 기반을 두고 행해집니다. 일례로 인도인의 입법부 진입은 19세기 말에야 가능해졌는데, 그렇게 경쟁을 통해 공직에 나갈 기회를 얻었다고 해도 인도인이 고위직까지 오르는 데엔 넘어야 할 실질적인 장애물이 수없이 많았습니다. 군대에서도 고급장교 직엔 올라설 수 없었죠. 말이 분리지, 실제로는 철저한 차별이었던 것입니다.

그런데요. 이처럼 영국이 인도 통치에 대해 보인 자신감은 어디에서 나온 걸까요? 철도와 통신, 무기의 도입이 영국의 통치를 도왔다고는 하지만 충분한 설명으로는 미흡한 감이 없지 않잖아요. 그렇다고 영국인 관료들이 많아 그 강제력이 컸는가 하면 그것도 아니거든요. 1901년 인구 통계 보고서에 따르면 인도의 인구는 3억 명에 조금 못 미치고 있었고 이들을 통치한 건 불과 9백 명의 백인 공무원들이었답니다. 영국 병사는 인도인 4천 명 중 1명꼴로, 한 영국인의 생생한 표현에 따르면 "모든 인도인이 같은 순간 침을 뱉기로 한다면 영국인들은 익사할" 정도였다고 해요.

인도 통치의 주효했던 포인트는요. 바로 영국이 세포이 항쟁 이후 인도 사회에 대해 최대한 직접적 개입을 피했다는 점에 있습니다. 여아 영아 살해는 살인이기 때문에 금지했지만, 일부다처제나 아동 결혼을 금지하려는 건 시도조차 하지 않았어요. 법은 힌두교 승인의 바깥에서만 작용하게 했고요. 특히 인도 토착 지배자들이 대체로 영국에 충성스럽다는 게 세포이 항쟁 중에 증명되었거든요. 그래서 영국은 그들의 권리를 세심하게 존중했습니다. 제후들은 자신의 번왕국들을 독립적으로 사실상 무책임하게 통치했는데, 그게 인구의 5분의 1 이상을 차지하고 있던 데다 다른 지역에서도 원주민 귀족과 지주들이 양성되었으니, 그들을 통해 인도는 영국의 통제하에 머무를 수 있었던 겁니다.

어떠세요? 마치 일제가 한국이라는 식민지를 유지하기 위해 친일파를 양성하고 그들을 통해 간접통치를 하려 했던 모습과 겹치지 않나요? 1, 2차 걸친 영일동맹으로 영국이랑 손잡으며 "못된 것만 배웠다"라고 꼬집어주고 싶은 맘인데요. 현재 초국적 기업이라는 제국의 양상도 마찬가집니다. 일례로 인도의 콜센터를 보면 알 수 있죠. 콜센터의 인적 구성은요. 대체로 본사에서 파견된 임원진이 상부를 이루고 있지만, 그 콜센터를 실질적으로 진행 유지하는 건 팀장, 매니저급의 인도인 중간 관리자거든요. 그들이 일반 팀원을 이끄는 거고요. 현지에 세워진 지사는 대부분 그런 형태로 구성되면서 최대한 그들에 대한 직접적인 간섭을 피하려는 겁니다.

인도를 영연방으로 남기지 못한 이유가 있다고요?

중간 관리자를 통해 직접 통치를 피하고 분열시켰다는 거. 정말 참 교묘한 방법인 거 같아요. 1920년대 일본의 통치 방법을 생각하니 더 그런 것 같고요. 그런데요. 영국에 가장 중요했던 식민지 미국이 독립하면서 그 자리를 대신한 게 인도였고, 그런 교묘한 방법이 힘을 발휘하고 있었을 텐데, 그런 인도를 영국은 어째서 영국연방에 끝까지 남기지 못했던 거죠? 캐나다나 오스트레일리아, 뉴질랜드는 지금까지도 영국연방으로 남아 있잖아요.

거기에도 또한 이유가 있죠. 먼저 영국령 인도에 변화가 나타나기 시작했는데요. 인도 역사에서 끊임없던 전쟁이 영국 통치로 억제되자 인구는 증가했고, 거기에 기근은 자주 찾아왔습니다. 농업 외 발전 대책이 필요했지만, 산업화를 방해하는 장애물도 많았고요. 그건 대부분 영국 본국의 제조업 이익을 위한 관세정책 때문이었답니다. 그래서 인도 자본가 계급은 점차 정부를 적대시하게 되었고요. 여기에 영국식으로 교육받은 뒤 영국의 이상과 인도의 영국인 공동체 현실의 괴리를 지켜보며 분개하는 지식인들이 증가했는데, 이들이 저항 세력이 되어갑니다. 옥스퍼드, 케임브리지 등에서 고등교육을 받고 온 이들이 특히 그랬어요. 19세기 말 영국 의회에는 인도인 의원이 존재할 수 있었지만, 인도에 사는 인도인 영국 유학생들은 영국인 사병으로부터 모욕당하곤 하던 게 현실이었거든요.

그런데도 19세기 말~20세기 초 영국은 내부적으로 자신들의 참정권 확대만을 위해 투쟁했을 뿐, 근 3억에 달하는 인도인들이나 그 밖의 식민지 주민들의 참정권에는 전혀 관심을 두지 않았습니다. 영국 정부 역시 인도가 내정 자치를 할 수 있도록 지속적인 정책을 펴나가겠다고 약속했지만, 20세기 초 개혁은 대부분 기대에 못 미쳤고요. 그에도 불구하고 인도 정치가들이 대체로 영국에 우호적이었다는 게 놀라울 따

름입니다.

하지만 그런 그들이 결국 영국에 실망하는 결정적 계기가 도래합니다. 바로 제1차 세계대전 이후 처리 과정에 드러난 영국의 태도입니다. 사실 인도는 상당한 양의 인력과 물자를 통해, 전쟁을 수행 중인 영국제국에 충성심을 보였던 터였죠. 그런데 1백5십만 인도 병사의 희생에 대한 보답으로 자치령의 지위에 찬성한, 인도에서 보낸 잘 조직된 대표단들은 파리 강화 회의에서 냉대받습니다. 심지어 1919년 영국령 인도 정부는 예상된 반영 민족운동을 탄압하기 위해, 경찰이 인도인을 영장 없이 체포하거나 재판 없이 투옥할 수 있게 한 롤럿법을 제정하기까지 합니다. 이런 일련의 대응으로 영국에 철저히 실망한 인도는 이후 우리가 익히 아는 간디, 소금 사티아그라하, 네루, 인도국민회의, 파키스탄과 분리 등 수많은 인물과 사건이 얽힌 속 1947년 결국 독립을 이루어내기에 이릅니다.

왜 이런 결과가 나왔을까요? 이 과정에서 보시다시피 영국인들은 스스로 식민지 주민과 다른 '백인'이자 '문명화'된 민족이라고 규정짓는, 민족적·인종적 오만을 가지고 있었습니다. 그게 결국은 아시아나 아프리카 영토에서 영국에게 한계가 된 셈인데요. 캐나다, 호주, 뉴질랜드는 영연방으로 남은 데 대한 설명도 되죠. 만일 빅토리아 시대 영국제국이 인종적, 민족적 편견을 극복할 수 있었다면 세계사는 어떻게 변했을까요? 인도와 파키스탄은 물론이고 로디지아, 케냐, 이라크, 이집트, 미얀마, 그리고 수많은 식민지의 현대사가 전혀 다르게 펼쳐지지 않았을까요? 영국 역사 역시 지금까지와는 완전히 다른 방향으로 흘렀을 거고요.

사실 독립 후 인도를 보면 영국은 무척 아쉬웠을 거 같아요. 영국을 몰아내고 파키스탄으로 나뉘어 독립한 인도는 급속도로 발전해 20세기 말 중국에 이어 세계 제2의 인구 대국이 되었잖아요. 영어와 공학, 수학 분야의 우수한 젊은이를 낮은 임금으로 고용할 수 있는 나라가 되기도 했고요. 1990년대 인도 경제 성장을 주도한 건 IT를 기반으로 하는 서비스 산업 분야였는데, 특히 콜센터 산업의 성장세는 괄목할 정도였죠. 2000년 이후 5백 개 이상의 대규모 다국적 콜센터가 인도에서 운영되고, 종사자 수도 남녀 합해 40만에 육박했으니까요. 델리, 콜카타, 뭄바이, 하이데라바드, 첸나이, 벵갈루루로 이어지는 IT산업 회랑도시에는 초국가적 산업, 예를 들어 미국의 씨티은행, 델, IBM, 마이크로소프트 같은 금융, 컴퓨터, 통신 회사의 콜센터 주요 기지들이 위치했고요.

그런데 현재 인도의 아웃소싱이 콜센터와 같은 단순 업무에서 IT 컨설팅, 소프트웨어 개발 등 고부가가치 분야로 확대되고 있다고 합니다. 그러면서 단순 업무에는 우수한 젊은이가 몰리지 않게 되었고 전반적으로 임금 수준도 올라가고 있다죠. 그럼 또 무슨 일이 벌어질까요? 그렇습니다. 예상할 수 있듯 초국적 기업들은 더 싼 노동력을 찾아 인도를 떠나게 되겠죠. 인도의 대안으로 필리핀이 떠오른 이유입니다. 네버엔딩 스토리 같습니다.

스타벅스의 바나나도, 나이키의 축구공, 케냐산 장미, 동남아시아산 새우도 모두 자국민 일부의 풍요로움을 위해 빈민국을 잠식합니다. 영국이 19세기 자국 산업 발전을 위해 인도 면화 산업을 쑥대밭으로 만들었던 것처럼, 미국이 UFC를 위해 과테말라의 민주화를 짓밟은 것처럼요. 저임금 등 유리한 지역을 찾아 끝없이 아웃소싱하는 수많은 초국적 기업도 그렇고요.

지금 우리가 지갑 속에서 꺼내 결제하는 게 과연 누구에게 이득이 되는 건지 가늠조차 쉽지 않은 게 요즘 세계화 시대입니다. 그리고 그걸 알아내는 건 점점 더 어려워집니다. 내가 소비하는 것조차 느끼지 못할 만큼 결제를 매끄럽게 하며 거부감을 없애는 초국적 기업의 전략은 점점 고도화 되어가고 있고, 그것이 세계화를 이끄는 또 하나의 빛이자 그림자이기 때문이지요.

이런 세계화가 종말을 맞았다는데, 과연 세계화는 끝날까요? 세계화에 대한 탁월한 통찰력을 보여주었던 『렉서스와 올리브나무』는 말합니다. 세계화는, 기존에는 상상할 수 없을 정도로 세계와 만나게 해주는 동시에 우리 생활 속에 상상할 수 없을 정도로 세계 역시 다가오게 해준다고 말이죠. 그리고 그건 더 높은 생활 수준을 원하는 인간의 대단히 강한 '열망'과 일상에서 우리를 통합시키는 뛰어난 '기술'에 의해 이루어졌기 때문에 열망과 기술이 퇴보하지 않는 이상 세계화를 되돌리기 어렵다고도요. 어떻게 생각하시나요? 어려운 문제라고요? 그렇죠.

그럼 '열망'은 심리나 윤리적인 부분에서 다루도록 내버려두고 '기술'에 한번 초점을 맞추어, 역사를 살펴보면 어떨까요? 현재 세계화를 이끌어낸 정보통신 혁명이 시작된 1970년대 불황의 시대, 혹은 그곳에서 배태된 완전히 새로운 시대, 미국 스탠퍼드 대학을 중심으로 서부 샌프란시스코의 한 만에서부터 출발한 흥미진진한 그 시대가 다음 이야기의 배경으로 우리를 기다리고 있습니다.

3

버블 계의 원 티어
_그리고 닷컴 버블이 있었다
(feat. 네덜란드 제국)

미국 SF 문학의 거장 로버트 앤슨 A. 하인라인은 말했습니다. "인간의 멍청함이 가진 힘을 과소평가하지 말라." 『스타쉽 트루퍼스』의 작가인 그의 성향을 생각하면 약간의 반감이 들기도 합니다만. "천체의 움직임을 계산할 수 있어도 인간의 광기는 계산할 수 없다"라고 했던 17세기 천재 아이작 뉴턴의 말과 결이 같다고 보면, 정말 인간의 욕심은 끝이 없고 같은 실수를 반복한다는 노랫말은 맞는 것 같아요.

2017년이었습니다. 십여 년 전 미국발 금융위기로 전 세계가 휘청일 때 그 정체가 미지에 싸인 사토시 나카모토가 공개했던 새로운 형태의 화폐가 주목받기 시작합니다. 암호화폐 '비트코인'. 이 해 들어 가격이 치솟자 급격하게 관심이 쏠리기 시작했는데요. 컴퓨터 기술에 능통한 괴짜나 범죄자, 얼리어답터만이 아니라 평범한 사람들까지 존재를 알게 되었죠. 기존 화폐의 단점을 보완해주는 것 같은 비트코인은 곧 모든 세상에서 사용될 것처럼 보였습니다.

사람들은 앞다투어 거래소에 계좌를 트고 비트코인을 구매했습니다. 1만 원어치 비트코인을 가지고 있던 사람이 몇 년 후 수십억 부자가 되었다는 이야기들이 심심치 않게 들려오자, 장밋빛 꿈을 꾸는 이들이 폭발적으로 늘어납니다. 많은 사람이 투자에 뛰어들면서 투기 열풍은 더욱 거세졌고 가격은 천정부지로 치솟습니다. 하지만 얼마 가지 못한 2018년. 고점 대비 80% 폭락으로 결국 많은 투자자가 손실을 봤고, 사회적 문제가 되기에 이릅니다. '비트코인 버블'이라고 이름이 붙게 되는 사건이었습니다.

20년 전에도 역시 이 같은 현상이 있었습니다. 미국과 특히 앞으로 IT 강국으로 거듭나게 될 한국에서 발생했던 일명 '닷컴 버블'. 엄청나게 많은 사람이 그 판에 뛰어들었다가 막대한 자상을 입고 겨우 빠져나왔던 사건이었죠. 하지만 이 역시 역사 속 수많은 버블 사례 중 최근 사례에 불과할 뿐입니다.

'버블'은 거품경제를 뜻합니다. 금융자산 혹은 부동산 등의 시장가치가 합리적인 수준을 넘어 사람들의 심리에 의해 과도하게 고평가되는 현상을 의미하는데요. 이처럼 인간이

'버블'이라는 상황에서 결국 어떤 결과를 떠안을지 알면서도 같은 실수를 반복하고 있는 건, 실수에서 배우지 못했기 때문인지 아니면 배웠어도 잊을 만큼 정말 멍청한 것인지, 지성 따위는 이겨버릴 만큼 욕망이 큰 것인지 알 수는 없습니다.

그런데 말이죠. 그런 과정에도 무언가 새 길을 여는 사람들이 있다는 것, 그런 이들을 통해 인류가 큰 걸음을 내딛어왔다는 것도 사실이거든요. 그런 의미에서 '비트코인 버블' 역시 어떤 역사적 의미가 있는지 그 영향을 판단하기에는 시간이 부족하죠. 블록체인과 가상화폐들이 어떻게 우리 삶에 자리할지 알 수 있을 만큼 역사가 쌓이지 못했으니까요.

당시에는 알 수 없지만 긴 호흡으로 바라보며 손해를 감수하면서라도 앞으로 나아가는 사람들, 이전의 것을 파괴하는 일명 '창조적인 상상력'을 가진 앞서간 이들. 그 사람들은 20~21세기 전환기에 새 세기를 이끌어가게 될 어떤 것에 자신의 꿈과 삶을 걸었던 걸까요? 그리고 이런 것들은 제국주의와 그리고 오늘의 내 지갑과 어떤 관계가 있을까요? 그 궁금함을 한번 풀어볼까 합니다.

닷컴 버블이 인터넷 때문에 시작되었다고요?

'버블'도 내 작고 소중한 지갑과 관련이 있다고요? 놀라운데요. 생각해보니 비트코인 때문에 주변이 떠들썩했던 기억이 있는데, 그 이전에도 진짜 비슷한 일이 있었던 것 같아요. 닷컴 버블이었군요. 그런데 그게 인터넷 때문에 시작됐다던데, 맞나요?

네, 그렇습니다. 20세기 인터넷은 15세기 구텐베르크 인쇄술이 가져왔던 것과 비교될 만큼 엄청난 혁명을 일으켰다고들 하죠. 인쇄술이 책의 대중화를 이끌었다면 인터넷은 정보의 대중화를 가져왔으니까요. 하지만요. 처음 나왔을 때만 해도 사실 인터넷의 잠재력을 제대로 파악한 사람은 거의 없었대요. 사람들은 그저 컴퓨터로 다른 컴퓨터와 이야기를 주고받거나 이메일을 사용한다는 게 신기하기만 했을 뿐이죠.

그런 인터넷이 대중화된 데는 월드 와이드 웹이나 웹 브라우저, 개인용 컴퓨터의 발전 같은 여러 사항이 복합적으로 작용했는데요. 이런 발전을 주도한 건 전적으로 미국이었어요. 미국은 인터넷 관련 기술 발전에서 시작해서 인터넷 산업의 부흥을 이끌며 상업화에도 성공합니다. 그런 상업화 역사에서 한 획을 그은 인물이 마크 앤드리슨입니다.

1993년 당시 20대였던 앤드리슨은 일리노이 대학교 연구소에서 일하고 있었어요. 그해 놀라운 걸 만들게 되는데, 세계 최초의 그래픽 기반 웹 브라우저인 '모자이크'입니다. '둘러보다'라는 뜻의 영어 browse에서 따온 '브라우저'는 인터넷 콘텐츠에 접근할 때 쓰는 응용 프로그램을 가리키는 건데요. 2000년대 웹 브라우저 하면 인터넷 익스플로러를, 2025년 현재는 크롬, 엣지, 파이어폭스, 사파리 등등을 떠올릴 수 있습니다. 인터넷에 들어가 무언가 찾아보려면 우선 통과해야 하는 문, 이게 없으면 그 많은 정보에 접근할 엄두조차 못 내잖아요. 앤드리슨이 마우스만으로 인터넷을 브라우징하는, 클릭 앤 포인트 방식을 최초로 구현한, 그런 인터넷 탐색 도구를 처음 만든 거예요. 인터넷이 정보의 바다가 될 가능성을 보이는 데 성공한 거죠.

모자이크는 당시 주요 개인용 컴퓨터 운영체계, 즉 윈도, 매킨토시, 유닉스—현재는 거의 윈도만 사용합니다—를 모두 지원하는 오픈 소스 브라우저였어요. '오픈 소스'란 저작권자가 소스 코드를 공개해 누구나 자유롭게 열람하고 수정, 배포할 수 있도록 허용했다는 뜻이랍니다. 반응이 어땠을 거 같은가요? 네, 그야말로 폭발적이었죠. 두 달 동안 백만 건 넘게 다운로드 되는 결과를 보며 앤드리슨은 그래픽 웹 브라우저의 힘을 확신했습니다.

그런데 연구소는 당시 학생이던 앤드리슨을 홀대하면서

정당한 대우를 해주지 않았어요. 그가 결국 향한 곳은 실리콘밸리, 그곳에서 짐 클라크를 만납니다. 이제 막 학교를 졸업한 풋내기 앤드리슨과 달리, 짐 클라크는 영화 〈쥐라기 공원〉 3D 그래픽을 지원한 실리콘 그래픽스를 창업해 풍부한 사업 경험과 넉넉한 자금을 가진 거물이었죠. 그는 앤드리슨의 아이디어와 웹 브라우저 사업성에 매료되어 사업 초기 자금을 투자하게 됩니다.

앤드리슨은 모자이크를 만들었던 연구소 동료들과 새로운 웹 브라우저 개발에 착수했고요. 그 결과 1994년 10월 '넷스케이프 내비게이터'를 탄생시킬 수 있었습니다. 인터넷에 입문하신 지 좀 되신 분들은 대문자 N이 쓰인 로고가 기억나실 텐데요. 3개월 만에 2백만 건 이상 다운로드 되면서, 세상의 중심으로 인터넷은 한 발 더 다가섭니다.

넷스케이프 경영진은 1995년 나스닥에 상장하는 모험까지 합니다. 원래 14달러였던 공모가를 막판에 28달러로 올리면서까지 말이죠. 그런데 세간의 우려와 달리 기업공개(IPO)는 대성공이었어요. 상장 첫날 75달러까지 치솟았거든요. 인터넷의 미래가치가 사업성이 있다는 걸 충분히 증명한 셈이었습니다.

덕분에 하룻밤 사이 억만장자 반열에 오른 청년 마크 앤드리슨은 《타임》지 표지를 장식합니다. 그리고 그런 눈부신 성공은 당시 능력 있는 젊은이의 야망을 자극하기에 충분했습니다. 야심만만한 청년들은 고리타분한 대기업에 취업하기보다 젊어서 빨리 부자가 될 수 있는 창업을 진지하게 고려하기 시작했어요. 넷스케이프의 대박을 목격한 투자자들은 아낌없이 지갑을 열어 이들의 사업을 지원했고요. 실리콘밸리에 인재와 자본이 몰려들면서 별다른 수익 모델이 없어도 누구나 손쉽게 투자받을 수 있었죠. 상장된 주식은 투자자에게 엄청난 수익을 안겨주게 됩니다. 닷컴 버블이 시작되려고 하고 있던 겁니다.

넷스케이프가 그렇게 큰 영향을 미쳤다고요?

정말 흥미진진한 이야기네요. 넷스케이프 충격이 엄청났던 거 같은데, 얼마나 영향을 미쳤고 결과는 어땠나요?

대단했죠. 넷스케이프 캐치프레이즈는 "모든 사람을 위한 웹"이었습니다. 거기에 딱 맞게 인터넷 정보의 바다에서 방향을 잘 잡아주면서 대중화를 촉진했어요. 덕분에 인터넷 접속 인구가 급속도로 증가했죠. 게다가 당시 웹 브라우저 시장 90% 이상을 차지하며 엄청난 돈을 벌어들이고 있었으니,

젊은 인재와 투자자들이 몰리는 건 당연했겠죠. 수많은 인터넷 기업이 등장하고 주가가 폭등하기 시작합니다. 넷스케이프뿐 아니라 야후, 아마존, 이베이 같은 쟁쟁한 인터넷 기업들이 등장하면서 열기는 고조되었고요. 이런 붐은 1995년 이후 신생 기업들이 수두룩하게 출범하면서 더욱 가속화되었어요.

이런 현상은 버블 그 자체였습니다. 별 수익성이 없어도 사업 정관에 '인터넷', '.com'을 추가하기만 하면 주가가 폭등했는데, 그 가치가 도저히 설명할 수 없는 수준으로 치솟았거든요. 심리에 의해 과도하게 고평가되는 현상, 전형적인 버블의 특징이잖아요? 1999년까지는 벼락부자가 되려고 경영학 석사(MBA)를 따는 사람이 홍수를 이루었고요, 닷컴 회사들은 이윤을 낸 적이 없어도 주식 발행으로 자본금을 모을 수 있을 정도였대요.

게다가 당시 월가의 애널리스트(분석가)들은 온갖 복잡한 가치 평가 기법을 들먹이면서, 말도 안 되게 높아진 인터넷 주식의 가치를 정당화하며 열풍에 부채질을 해댔답니다. 어느 정도였냐면 벤처 자본의 평균 규모가 1996~2000년 네 배로 커졌고, 자그마치 5만 개 이상 기업이 출현, 2천5백6십억 달러 이상이 투자되었대요. 1995~2000년 나스닥 종합지수가 400% 상승했다고 하니 엄청났지요.

하지만 거품은 언젠가 꺼지는 때가 오게 마련이죠. '아메리카 온라인'과 '타임워너'의 파국으로 치달은 합병이 성사된 즈음, 주식에 대한 확신이 무너지기 시작합니다. '델'과 '시스코'가 대규모 매도 주문을 내자 공포감은 더 심해졌고, 결국 투자 자본이 급속히 위축되면서 붕괴의 길로 치닫고 맙니다. 수백만 달러 가치의 기업들이 불과 수개월 만에 제로 가치로 변했는데, 무려 1조 7천억 달러 이상의 시장가치가 증발했대요. 닷컴 붐 시대 '스타트업'(1990년대 등장한 용어, 일반적으로 IT 기반의 신생 창업기업) 상당수가 사업을 접었죠. 시작 때와 마찬가지로 순식간에 벌어진 일이었어요. 사실 버블 붕괴는 경제적으로는 재앙이었습니다. 나스닥이 2000년 3월 이후 1년 7개월 동안 78% 하락하면서 인터넷 관련 주식에 투자한 사람들은 파멸적인 손실을 감수해야 했으니까요.

넷스케이프 역시 큰 변화를 맞이할 수밖에 없었는데요. 그들의 대성공은 최악의 라이벌을 시장에 끌어들이는 결과를 낳았거든요. 바로 마이크로소프트의 빌 게이츠가 웹 브라우저 시장에 눈독을 들이게 되면서 치열한 싸움 끝에 결국 주도권을 마이크로소프트의 인터넷 익스플로러에 빼앗기게 된 겁니다.

개인용 컴퓨터(PC)는 어떻게 탄생했나요?

 # 둘 사이의 일명 '브라우저 전쟁'이 마이크로소프트에 '독점기업', '악의 축'이라는 오명을 안겨주게 되는 싸움이었다죠. 그런데 마이크로소프트의 뭐랄까, '부정직'한 사업 방식이 이때부터 시작된 건 아니었잖아요? 언제부터였죠?

네, 그전부터 있었죠. 사실 이에 관해 이야기하려면 마이크로소프트를 중심으로 1985~1995년에 일어난 일명 '소프트웨어 혁명'을 이야기해야 하는데요. 그 전에 먼저 개인용 컴퓨터의 출현에 대해 잠깐 살피고 갈게요. 1975~1985년에 몰린 매우 획기적인 발전상입니다.

1970년대는 제조업 측면에서 보면 불황의 시기였어요. 앞에서 2차 세계화가 시작된 배경으로도 이야기 나눴잖아요. 신자유주의 등장과 관련해서요. 하지만 그런 때일수록 새로운 방향을 찾는 기가 막힌 촉을 가진 사람들, 변곡점을 만드는 사람들이 등장하죠. 이 시기에 1955년생 동갑내기 세 천재인 '애플'의 스티브 잡스와 '마이크로소프트'의 빌 게이츠, 그리고 '구글'의 에릭 슈미트가 컴퓨터와 소프트웨어에 빠질 수 있던, 그 토대가 만들어졌던 게 미국 IT 역사에서는 최대 행운이 아니었을까 해요.

샌프란시스코만 지역 남부의 산타클라라 밸리에 있는, 일련의 실리콘칩 제조업체들을 가리키면서 '실리콘밸리'라는 용어가 탄생한 게 1971년이었는데요, 스탠퍼드대학교가 1950년대부터 실리콘밸리의 독창적인 창업 문화를 만드는 데 큰 역할을 한 서사는 유명하죠. 여기에 네 가지가 함께 맞물려 PC 출현에 상승효과를 내게 되었답니다.

먼저 '인텔'(1968년 설립된 미국 종합 반도체 회사)이 최초로 마이크로프로세서 개발에 성공한 겁니다. 마이크로프로세서는 간단하게 말해 실리콘칩 위에 컴퓨터를 심은 건데요. 개발하는 데에는 엄청난 비용이 들었지만 일단 생산에 성공하니까 마치 쿠키처럼 대량으로 생산할 수 있게 되었죠. 1971년 마이크로프로세서 4004 칩 개발 이후 컴퓨터 혁명이 급속하게 진행됩니다. 이전의 컴퓨터는 진공관이나 트랜지스터를 이용한 거라 개인이 사용할 가능성은 거의 없다고 봐도 무방했어요. 크기나 무게가 어마어마했으니까요. 그런데 마이크로프로세서, 메모리, 논리 장치와 아날로그 장치로 구성된 '집적 회로' 세대가 시작되면서 개인용 컴퓨터의 세계가 열릴 수 있게 된 거죠. 책상 위에 놓고 사용할 수 있을 정도의 크기나 무게로 줄일 수 있으니까, 기업이나 가정에서 개인이 사용할 수 있지 않겠어요?

MITS에서 1974년에 출시한 '알테어 8800'이 세계 최초의 상업용 조립식 PC라고 해요. 인텔 8080 마이크로프로세서를 장착한 이 제품은 3개월 동안 4천 대의 주문이 몰릴 정도로 성공적이었대요. 우편 주문을 통해 조립 키트 형태로 판매돼 구매자는 스스로 조립했다는데요. 물론 오늘날 PC와는 전혀 다른 모양으로 모니터도 키보드도 없었고 메모리도 매우 부족했죠. 그런데, 이 알테어 8800을 위해 BASIC(베이식, 컴퓨터 프로그래밍 언어) 인터프리터(프로그래밍 언어를 읽어 들여 기계어로 변환, 실행하는 것을 반복하는 프로그램)를 만든 사람이 누군지 아세요? 당시 하버드생이었던 빌 게이츠입니다. 빌 게이츠는 이를 계기로 학교를 그만두고 소프트웨어업계에 뛰어듭니다. 1975년 그가 폴 앨런과 함께 만든 회사가 바로 마이크로소프트사에요. PC 혁명의 두 번째 구성요소라고 할 수 있지요.

이 시기 전설적인 홈브루 클럽(괴짜 엔지니어와 컴퓨터 애호가들이 차고에서 시작한 모임)이 등장한 게 세 번째입니다. 개중에 천재 엔지니어 스티브 워즈니악이, 자신이 만든 회로도를 돌려보기도 하고 다른 회원이 자신만의 제품을 만드는 걸 도와주던 클럽이 있었죠. 스티브 잡스가 워즈니악과 동업해 자신들이 몸담고 있던 휴렛팩커드(현 HP)와 아타리를 떠나 6개월 동안 회로도를 설계한 끝에 1976년 3월 만들어낸 PC가 애플 I 입니다. 각각 밴 자동차와 휴렛팩커드 계산기를 팔아 자본금을 늘리고 애플 I 50대를 만들어 컴퓨터 상가에 납품, 광고하면서 판매량을 늘려나갔는데요. 그해 4월 1일 만우절 애플컴퓨터 회사가 탄생합니다.

그들의 가능성은 이듬해 4월 워즈니악의 또 다른 PC 애플 Ⅱ의 탄생으로 이어집니다. TV나 모니터에 연결이 가능한 컬러 디스플레이를 지원하고 기본으로 두 개의 게임 패드까지 제공해 워즈니악이 너무나 좋아했던 '벽돌 깨기' 게임을 가정에서 손쉽게 즐길 수 있도록 한 최적의 장비, 거기에 본체에 스피커를 달아 사운드도 지원하고 잡스가 추구한 대로 예쁜 플라스틱 케이스에 키보드가 있는, 당시로서는 그야말로 파격적인 디자인으로 컴퓨터를 일부 매니아 계층이 조립해 사용하는 제품에서 누구나 사용할 수 있는 소비재로 만드는 데 공헌한 컴퓨터. 이듬해 저장 장치까지 보완하며 선풍적인 인기몰이에 성공한 전설적인 PC였습니다.

자, 이제 네 번째, 마지막으로 1970년 세워진 제록스 연구 센터의 업적을 들 차례입니다. 백 년이 훌쩍 넘은 역사를 자랑하는 제록스는 사명 자체가 '복사하다'라는 뜻일 만큼 복사나 인쇄에 상징적인 존재입니다. 1977년 세계 최초로 상용화 레이저프린터를 출시하며 세상을 놀라게 한 연구 센터는 자유로운 연구로 그 외 수많은 성과를 냈어요. 세계 최초로 '그래픽 사용자 인터페이스'를 구현하고 마우스를 사용한 알토

컴퓨터도 그중 하나였죠. 윈도, 메뉴, 아이콘, 라디오 단추, 체크 박스 등 그래픽 요소를 채용했고 마우스와 키보드를 입력 장치로 사용했는데요. 무려 1973년에 개발되었지만, 상업화에 성공하지는 못했대요.

그런데 이게 스티브 잡스의 눈에 띈 거예요. 1984년 애플에서 출시한 PC 매킨토시가 명령줄 인터페이스가 아닌, 그래픽 사용자 인터페이스를 사용한 뒤 잡스는 이걸 제록스에서 '영감을 얻었다'라고 표현했거든요. 명령어 대신 '아이콘'을 사용해 즉, 그래픽 이미지로 컴퓨터와 사용자가 의사소통을 쉽게 할 수 있도록 한 이 장치가 없었다면 우리는 아직도 컴퓨터를 사용하면서 일일이 명령어를 쳐야 했을 거예요. 마우스 사용도 그런 의미에서 정말 획기적이죠. 뭔가 시간 차이를 두면서 현재 개인용 컴퓨터가 부분부분 완성되는 것 같이 느껴지시나요?

마이크로소프트사가 도약하는 계기가 있었다고요?

네, 정말 '영감을 얻기'만 했던 게 맞을까 싶네요. 그런데 이때도 일반 사람들은 아직 컴퓨터를 사용하기가 힘들었을 것 같아요. 여전히 뭔가 프로그래밍 언어가 필요할 것 같고, 동시에 여러 프

로그램을 돌릴 수도 없을 것 같은 게, 컴퓨터에 관심 있는 전문가들만 쓸 수 있을 거 같거든요. 결정적인 뭔가가 빠진 것 같은데요?

맞습니다. 1980~1990년대 일명 소프트웨어 혁명이 중요한 게 바로 그 점 때문입니다. 마이크로소프트사가 도약하는 결정적 계기인데요. 제록스에서 매킨토시로 이어지는 그래픽 사용자 인터페이스의 위대함이 빛을 발하면서 결국 마이크로소프트사가 소프트웨어 제국으로 우뚝 서는, 그런 결말이지요.

사실 컴퓨터가 소형화되고 가격은 하락했지만, 초기 PC는 여전히 특별한 훈련을 받은 사람들만의 전유물이었어요. 1980년대 처음 컴퓨터를 사용해본 분들이라면 복잡하고 낯선 컴퓨터 언어 앞에서 난처했던 기억이 있으실 겁니다. 그건 마치 자전거를 타려는데, 자전거 조립 키트를 사고 그게 움직이도록 스스로 설계해 타라는 주문을 맞닥뜨렸을 때의 느낌과 같다고 보시면 될 것 같아요. 자전거를 타려는 사람에게는 사실 그 작동 원리를 구현하는 것보다 그걸 타고 어디로 얼마나 잘 가느냐가 더 중요하잖아요. 자전거를 타는 사람이 모두 자전거 운동 원리를 설계할 필요는 없지요.

그런 의미에서 빌 게이츠는 컴퓨터라는 하드웨어가 아닌 소프트웨어, 즉 컴퓨터가 기능하도록 운영할 수 있는 부분이 높은 부가가치를 낼 수 있다고 생각하고 운영시스템(OS)에 집중합니다. 물론 알려지지 않은 작은 회사가 만든 놀라운 운영체제를 사들여 IBM과 계약을 체결하는 방법으로 몸집을 키운 게 결정적인 계기가 되지만요. 달리 말하면 베이식 외 독점적인 기술이 없던 빌 게이츠의 '정보력과 혜안이 빛났던 경우'라고 평가되기도 하는 점입니다만.

갑자기 IBM이 나와서 좀 당황하셨나요? 사실 1970년대 후반은 애플의 독주체제라고 할 수 있었는데요. 애플의 성공은 1980년 12월 기업공개로 증명되었어요. 1956년 포드 공개 이후 가장 많은 자본 유치에 성공하면서 사원들을 억만장자로 만들어주었거든요. 이후 애플의 상승세가 꺾이기 시작했는데—스티브 잡스가 쫓겨나는 결과로 이어집니다— 이런 PC 전쟁터에 컴퓨터 업계의 거대 공룡기업 IBM이 참전을 선언합니다. 본래 컴퓨터 회사의 원조, 일명 '빅 블루'라고 불렸던 IBM은 기술 분야 최초의 대형 기업으로 학술연구나 국방 부문 컴퓨터를 장악하고 있었던 데 비해, 소형 컴퓨터의 부상은 과소평가하고 있었지요.

이들은 1년 내 PC 출시를 목표로 기존의 부품을 모으고 외부 자원을 최대로 활용하려는 전략을 추진합니다. 예컨대 인텔의 CPU(중앙처리장치), IBM 재팬의 모니터, 엡손의 프린터 모델을 채용하는, 그런 식이었죠. 거기에다 소형 컴퓨터에 적합한 운영체제 개발에 자신이 없었기 때문에 이를 보완할 수 있는 기업과 손을 잡았고요. 시애틀 컴퓨터 프로덕트의 운영체제(86-DOS)를 헐값에 사들여 그걸로 거래한 마이크로소프트사가 바로 그 상대였습니다. IBM은 이 운영체제를 거액에 매입하려 했지만 빌 게이츠는 거절한 대신 사용료를 요구했고, IBM은 수락했죠. 이 순간이 IBM과 마이크로소프트사의 운명을 가르게 된 겁니다. 1981년 8월 IBM은 드디어 마이크로소프트 운영체제(MS-DOS)를 탑재한 자체 PC를 출시합니다.

이후 IBM과 애플의 경합은 PC 시장이 폭발적으로 증가하는 길을 닦습니다. 애플은 맥을 통해 그래픽 소프트웨어나 출판시장을, IBM은 MS-DOS를 기반으로 한 비즈니스 솔루션에 집중하면서 말이죠. 하지만 빌 게이츠는 곧 그래픽 사용자 인터페이스의 가능성을 보게 되었고요, 이는 결국 역사적인 윈도의 탄생으로 이어지게 됩니다.

사실 1985년 윈도 1.0이 출시되었을 때는 혹평 속에 별 반응이 없었다고 해요. 그러다 IBM이 1987년 윈도 2.0에 마우스 및 그래픽 사용자 인터페이스를 결합해 시장에 내놓았고요. 여기에 마이크로소프트가 1989년 MS Office를 출시했는데, 이게 역대 최고의 '킬러 소프트웨어'라고 평가받는 엄청난 상품이 되죠. 연이어 윈도 3.0(1990), 3.1(1992)이 세계적 열풍을 일으키면서 빌 게이츠는 MS-DOS를 버리고 윈도 중심 운영체제 개발에 집중하게 됩니다. 결국 1992년부터 계획을 수립하며 역량을 집중적으로 투자한 윈도 95는 1995년 발표되며 최대 히트작이 되었고, 이어 윈도 98은 전 세계 운영체제 시장의 95%를 장악하기에 이릅니다.

IBM의 PC 진출은 굉장한 의미를 지닙니다. 애플이 매킨토시라는 자신들만의 폐쇄적 길을 간 것과 달리 IBM은 개방형 아키텍처(컴퓨터 시스템의 하드웨어 구조와 관련된 정보, 기술 등을 계약과 같은 특별한 관계를 맺지 않아도 획득할 수 있도록 공개)를 통해 특별한 허가 없이 주변 기기를 타 회사에서 생산할 수 있게 해, 관련 개발이 쉬워졌거든요. 여기에는 완전한 회로도에 IBM PC 기술 참조 설명서까지 포함되었죠. 결국 IBM은 호환 제품군을 생산하는 회사들이 탄생할 길을 열어주면서 일종의 PC 표준화를 이룬 건데요. 지금 수많은 컴퓨터 관련 제품을 만들어내는 회사는 일정 정도 다 이에 빚지고 있다고 봐도 과언이 아닐 거예요.

그와 동시에 마이크로소프트라는 소프트웨어 대제국을 길러냈고, 이 때문에 결국 PC 사업에서 손을 떼게 돼요. 하지만 그 과정에서 새로운 철학을 기업문화에 적용한 사례가 된 IBM은 의미 있는 시사점을 보여줍니다. IBM은 사실 운영체제를 그다지 중요하게 생각하지 않아서 마이크로소프트에 아웃소싱을 한 거였죠. 표준 운영체제 시장이 마이크로소프트로 넘어간 게 이들이 결국 시장에서 손을 뗀 결정적 이유였고요. 심지어 이후 PC와 웹 브라우저마저 마이크로소프트가 장악해나가자, IBM은 기업전략을 철저히 변경합니다. 기업의 사활을 걸었다고 표현할 정도였는데요.

1998년부터 많은 인력을 고용해 리눅스를 포함한 각종 오픈 소스 소프트웨어 전체를 연구하기 시작했고, 자유로운 오픈 소스 진영이 가지고 있던 빠르고 투명한 의사소통, 반복된 개발 테스트를 통한 업그레이드 방식 등을 받아들여 공룡처럼 거대한 회사의 체질을 바꿔나가기 시작한 겁니다. 결국 지적 재산을 독점 소유하고 이를 바탕으로 이윤을 얻기보다, 자신들의 방법을 외부에 적극적으로 노출하면서 품질을 높이고 성장을 촉진하며 디지털 생태계를 같이 꾸려가려고 노력하는 등 완전히 거듭난 거죠.

윈도 95와 익스플로러 4.0이 가지는 의미는 무엇인가요?

IBM과 마이크로소프트사가 간 길이 극명하게 다른 게 정말 의미심장한데요. 그렇게 큰 기업이 개방이나 참여, 수평적 협업 기

업으로 변신할 수 있었다는 게, 알고 보니 정말 대단하다는 생각이 듭니다. 반대로 마이크로소프트사는 독점을 통해 소프트웨어 제국을 건설했다는 건데요. 어떻게 그게 가능했죠? 인터넷과도 관련이 있는 건가요?

네, 맞습니다. 사실 2000년대 초반만 하더라도 맥OS나 리눅스 소프트웨어를 운영체제로 사용하는 컴퓨터가 꽤 있었는데요, 거의 사라져갔죠. 마이크로소프트사의 공격적인 마케팅이 그 원인이라고 할 수 있습니다. 자신들이 개발한 컴퓨터 언어로 전 세계 컴퓨터 언어를 표준화하는 게 목표가 된 마이크로소프트사는 MS-DOS를 무료로 시장에 뿌리거나 불법 복제도 허용하면서 시장 점유율을 높여갔거든요. 사람들이 특정 소프트웨어에 익숙해지면 더 이상 다른 소프트웨어를 사용하기 어려워진다는 점을 노린 거죠. 그리고 시장을 장악하면 그때부터 가격을 쥐락펴락하는, 이런 방식이 윈도와 인터넷 브라우저에도 적용된 겁니다.

넷스케이프가 화려한 상장을 한 지 보름 뒤인 1995년 8월 24일. 마이크로소프트는 야심작을 하나 내놓습니다. 윈도 운영체제 역사에서 한 획을 그은 윈도 95입니다. 이전 버전과는 확연히 다르게, '플러그 앤 플레이(컴퓨터 실행 중에 주변장치를 부착해도 별다른 설정 없이 작동함)' 기능이 처음 도입되었고 멀티태스킹(다중작업)도 가능해졌죠. 특히 직관적인 사용자 인터페이스가 눈에 띄었는데요. 이전 모델까지 사용되었던 '프로그램 관리자'를 '시작' 메뉴, '작업줄' 같이 좀 더 구체적으로 바꿨습니다.

하지만 무엇보다 이 시기 윈도에서 주목할 건 인터넷 익스플로러입니다. 넷스케이프에 위기의식을 느낀 마이크로소프트는 윈도 출시 이후부터 꾸준히 인터넷 익스플로러를 탑재하며 도전했고, 넷스케이프 역시 이에 대응해 오고 있었죠. 1997년 익스플로러 4.0을 출시할 때까지만 해도 72대 18 정도로 압도적인 열세였던 익스플로러는 결국 전세를 뒤집는 데 성공하게 되는데요. 윈도를 공급하면서 4.0을 아예 기본으로 탑재해 제공한 덕분이었습니다. 바로 그 악명높은 '끼워팔기'죠. 윈도를 깔면 저절로 익스플로러가 실행되니, 사람들은 인터넷을 브라우징하기 위해 굳이 넷스케이프를 구매할 필요성을 느끼지 못했던 거예요. 영원히 계속될 것만 같던 넷스케이프 시대가 결국 종지부를 찍게 된 배경입니다.

하지만 마이크로소프트사는 이 때문에 운영체제 시장의 독점적 지위를 남용했다는 혐의를 받고 미국 법무부로부터 제소되었고요, 이후 독점기업이나 악의 축이라는 오명을 얻게 되었죠. 빌 게이츠가 2000년 최고경영자 자리에서 물러난 것도, 이런 브라우저 전쟁과 무관하지 않았대요. 그럼에

도 결국 마이크로소프트는 승리했습니다. 약탈적인 저가 정책과 공격적인 마케팅을 통해 전 세계 컴퓨터 운영시스템 시장의 90% 이상을 장악하면서, 컴퓨터 전산망을 표준화시키는 데 성공했으니까요. 심지어 익스플로러는 브라우저 시장을 90% 가까이 점유하며 절대 강자로 군림하게 되었고요.

그럼, 여기서 잠깐 브라우저가 출현하기까지 인터넷이 어떻게 발전해 왔는지 한 번 짚고 넘어가 볼까요? 사실 현재 컴퓨터는 인터넷의 관문 역할을 주로 한다고 해도 과언이 아니지요. 그동안 진화를 거듭해 오며 심지어 커뮤니케이션 능력까지 지니게 되었고요.

인터넷이 본래 냉전 시대 미국과 소련 사이 핵전쟁에 대비하는 과정에서 발명되었다는 사실 알고 계시나요? 전신 및 전화 네트워크가 핵 공격 같은 위기 상황에서 작동하지 않을 수 있으니까요. 이를 해결하기 위해 제안된 분산 네트워크에서 시작된 거거든요. 노드(컴퓨터부터, 네트워크를 교통 정리하는 허브나 네트워크상에 다양한 서비스를 제공하고 있는 서버 등을 가리킴)가 하나 이상 파괴되어도 다른 경로를 통해 메시지를 계속 전송할 수 있도록 4개의 컴퓨터를 전화선으로 연결했는데요. 이게 1969년 만들어진 최초의 컴퓨터망 '아파넷'이랍니다. 결국 인터넷을 창조한 것은 미국국방부인 셈이니 이때는 군사 안보가 최대 목적이었겠지요.

하지만 곧 민간 기구들의 자율적인 참여가 이루어졌고, 인터넷 산업 발전을 주도하기 시작했다고 해요. 참여자들이 점점 늘어나고 유사한 네트워크들이 생기면서 서로 다른 네트워크 연결 방법이나 표준화와 관련된 논의들이 벌어졌는데요. 그런 다양한 과정을 통해 발전에 발전이 거듭된 거죠. 1970년대 인터넷 산업은 그야말로 호기심 많은 컴퓨터 엔지니어와 학자들이 실험하는 장이었답니다. 1972년 최초로 이메일 프로그램이 설계되었고요, 그다음 해 TCP/IP라는 프로토콜이 설계되면서 사용하는 언어가 서로 다른 컴퓨터까지도 연결할 수 있게 됩니다. TCP/IP 설계자 중 한 명으로 현재 구글에서 활동하는 빈트 서프가 '인터넷'이라는 이름을 처음 붙입니다. 그래서 그를 '인터넷의 아버지'라 부른대요.

1990년대, 마치 영원할 것 같이 보였던 냉전체제가 무너진 직후, 인터넷이 본격적으로 대중화의 길을 걷기 시작합니다. 냉전체제로 인해 만들어진 시스템이, 그게 붕괴하면서 대중화되기 시작했다는 게 참 아이러니하죠? 물론 초반 인터넷은 관공서나 대학, 기업의 연구기관을 연결하는 네트워크에 불과했대요. 그러다 1992년 영국의 버너스 리가 '글로벌 하이퍼텍스트' 공간 개념에 기반한 최초의 웹 브라우저, 그 유명한 '월드와이드웹(www)' 개발에 성공했고, 그가 아이디어를 공개하며 드디어 전 세계적으로 인터넷 시대의 문이 열리게 됩니다. 이후 월드와이드웹은 인터넷 주소 체계인 URL 등으로 발전합니다. 이전까지 아무나 사용하기 힘들었던 인터넷이 민간에 급속히 보급되기 시작한 겁니다.

이런 상황에서 앤드리슨이 모자이크를 만들어냈고, 이게 넷스케이프의 탄생과 상장으로 이어지며 엄청난 성과를 거두게 되었던 거예요. 뒤따라 윈도 95 출시와 함께 인터넷 접속 사업에도 관심을 가진 마이크로소프트사가 넷스케이프를 퇴출하는 데 성공하면서, 결국 인터넷 익스플로러가 인터넷 브라우저의 대명사가 되는 시대가 되었지요.

1990년대 중반 이후 인터넷 사용은 폭발적으로 증가합니다. 바야흐로 세계는 아날로그 세상에서 디지털 세상으로 급변했고요. 그리고 그 디지털 세계는 마이크로소프트사 시스템을 통해 하나로 연결되었다고 해도 과언이 아닙니다. 압도적인 점유율을 차지하게 된 이후 마이크로소프트사는 컴퓨터 소프트웨어를 거의 매년 업데이트하고 있습니다. 처음 경쟁 상태였을 때는 저가로 공급하거나 불법 복제를 허용하는 등의 방법도 마다하지 않던 그들이었는데요. 독점적인 지위로 올라서 있는 현재는 이용자들이 반강제적으로 구매할 수밖에 없는 상황을 이용, 판매해 상상하기 힘든 정도의 돈을 벌어들이고 있습니다. 빌 게이츠는 닷컴 버블 시기를 통과하면서 세계 부자 순위 1, 2위를 놓치지 않는 세계 최고의 갑부가 되었고요.

역사상 최초의 버블은 무엇이었나요?

참 놀라운 정보기술 혁명의 역사네요. 지금은 소프트웨어를 구매하려면 많은 돈을 줘야 하는데, 처음에는 무료로 다 깔려 있었다니. 그리고 그게 사업 방법의 일환이었다니. 어떤 사람은 자유와 공유로 세상을 멋지게 변화시키는데, 어떤 사람은 독점으로 엄청난 이익을 벌어들이는 걸 보면 참 씁쓸하게 느껴지네요. 그런데, 다시 버블 이야기로 돌아오려니 생각나는 게 있는데요. 버블 하면 딱 떠오르는 게 튤립 거품 사건이거든요. 역사상 버블의 시작이었기 때문일까요?

네, 튤립 거품 사건은 아시다시피 네덜란드에서 벌어졌던 과열 투기 현상입니다. 사실상 자본주의 최초의 버블 경제 현상으로 인정되고 있는데요, 영국의 남해거품사건, 프랑스 왕국의 미시시피 거품과 함께 고전 경제기의 경제 위기 중 하나로 꼽히고 있습니다. 남해거품사건은 인류 최고의 천재라는 뉴턴이 무려 20억 원의 손해를 본 걸로 유명한 버블이기도 하죠.

017세기 네덜란드연방공화국은 자본이 엄청나게 불어나 투자 대상을 찾고 있던 사람들로 넘쳐나고 있었습니다. 그들의 눈을 사로잡은 게 신비스러운 꽃 튤립입니다. 본래 튤립은 유럽에는 없던 꽃이었어요. 당시 오스만 제국의 수도 이스탄불에 주재하던 오스트리아 외교관이 선물로 받아 빈으로 가져왔는데요. 그러다 플랑드르 식물학자의 손에 들어왔고, 그가 16세기 말 네덜란드 라이덴 대학 교수로 임명될 때 함께 들어온 이후 네덜란드 사람들에게 알려졌다고 해요. 특히 변종인 희귀한 튤립은 무척 고가여서 이걸 잘 키우면 돈이 되었는데, 아름다운 변종을 만들어낼 수 있으면 더욱 그랬죠. 결국 네덜란드 전역에서 일확천금을 노리고 좋은 튤립 구근, 즉 알뿌리를 확보하려는 경쟁이 발생합니다.

심지어 튤립 재배는 네덜란드인의 취향과 환경에도 적합해서요, 작은 나라 좁은 집에 사는 네덜란드 사람들에게 마당 한 모퉁이에서 튤립을 재배하는 건 비교적 쉬운 일이었고요. 당시 승승장구하던 네덜란드 동인도 회사의 주식을 사고 싶어도 그럴 만한 투자금이 없던 서민들은, 대신 튤립을 재배하면서 일명 '대박'의 꿈을 키워나간 거죠.

변종을 일으킨 튤립일수록 비싼 가격이 매겨지면서 4백여 종에 가까운 품종이 개발되었다고 합니다. 여기에는 주로 황제나 총독, 제독, 영주, 대장 같은 군대 계급과 비슷한 이름이 붙었다고 하고요. 1636년 내내 오르던 튤립 구근의 가격 상승세는 1637년 1월 고점을 찍게 됩니다. 하루에 두세 배씩 오르기도 하고 한 달 동안 몇천 퍼센트나 상승하기도 했다니, 닷컴 버블도 감히 범접할 수 없는 규모죠? 이때 튤립 알뿌리의 가치는 진짜 어마어마해서요. 가장 비쌌던 '황제' 튤립 구근 한 개가 금 단위로 따지면 현재 가치로 3천만 원에 달할 정도였다고 해요. 당시 숙련된 수공업자 연 수입의 10배에 달한다는 말이 그냥 나왔던 게 아닌 겁니다.

1633~1637년 4년 동안 네덜란드의 알뿌리 거래 총액은 최소한 4천만 길더를 넘었다고 추산된다는데요. 당시 암스테르담 은행의 예치금이 3백5십만 길더, 세계 최초 다국적 기업 네덜란드 동인도 회사의 최초 투자금이 6백5십만 길더였던 사실과 비교해도, 정말 엄청난 금액이죠. 매매에 관련된 사람만 수만 명에, 계약서가 주식처럼 거래되었다고 하니까요. 거래 총액은 이보다 훨씬 많았을 수도 있다네요.

하지만 이 현상 역시 오래가지는 못했답니다. 히아신스가 원예용으로 개량되어 대체재가 생겼다거나 정원의 유행이 변했다거나 등 이유는 여러 가지로 추측되지만, 아마 너도나도 튤립 재배에 뛰어들었으니 어느 순간 공급이 수요를 넘어서는 지경에 이르렀겠죠. 이유가 무엇이든지 간에, 1637년 2월 5일 갑자기 가격이 하락세로 돌변했습니다. 한 번 떨어지기 시작한 가격은 무섭게 폭락했어요. 마치 도미노 넘어지듯 4개월 만에 최고점에서 95~99%가 빠지면서 투자자들은 본전에서 1~5%만 건질 수 있었다고 합니다. 경제 대공황 2년 동안 75%가 빠졌다는 점과 비교해 보면, 역사상 최악의 폭락세였다는 평가를 이해하시겠죠? 당연히 여기저기에서 어음이 부도난 데다 줄소송이 이어졌고요. 채권자와 채무자가 멱살을 잡고 싸우는 등 네덜란드 전체가 난장판이 되었다고 합니다.

어떻게 네덜란드는 제국으로 발전할 수 있었나요?

 # 정말 상상만 해도 아찔한 상황이었네요. 그런데요, 네덜란드에서 어떻게 이런 투자금이 오간 게 가능했을까요? 사실 네덜란드가 그렇게 부유한 나라였다거나 제국이라고 배운 적이 없었던 것 같거든요.

네, 맞습니다. 우리가 배운 세계사 중에서 네덜란드에 관한 건 극히 일부죠. 네덜란드가 식민지였다는 것도 금시초문인데 독립전쟁을 배우는 상황이잖아요. 베스트팔렌 조약, 동인도회사 그리고 안네 프랑크 정도일까요? 거기에 나막신,

풍차, 튤립, 렘브란트, 히딩크 등등을 유명하다고 하겠죠. 하지만 네덜란드 사람들이 영국보다 앞서 세계를 주름잡던 해상 무역 제국이었다는 역사는 잘 모르는 사람이 대부분입니다. '자본주의 경제를 제패한 최초의 제국'이라고 평가될 정도로 부유한 국가였는데 말입니다.

실제 17세기 대부분 시기 동안 네덜란드연방공화국은 어마어마한 이윤을 남기는 유럽의 '사치품 무역'을 주도하면서 유럽 그 어느 국가보다도 풍요로움을 구가했답니다. 사치품 교역 방식은 간단합니다. 네덜란드 선박이 세계 구석구석을 다니며, 예를 들어 브라질과 상투메에서는 후추와 향신료, 설탕을, 카스티야에서는 모직물을, 인도에서는 면화와 다이아몬드 원석을 싣고 동인도제도로 돌아옵니다. 네덜란드 사람들은 이걸 유럽 전역에 전해주었고요. 혹은 원료를 네덜란드로 가져다 무늬를 넣어 짠 비단이나 섬세한 리넨, 정교하게 깎은 보석 등으로 가공해서 엄청난 이윤을 붙여 다시 수출하는 거죠. 이들의 사치품 무역이 엄청난 이윤을 올리는 것을 본 영국, 프랑스, 독일 역시 사치품 무역 일체나 그 일부를 차지할 욕심으로 이 전쟁에 뛰어들게 되었던 거고요.

하지만 그런 명성을 누리던 네덜란드연방공화국의 시작은 사실 매우 초라했습니다. 1200년 이전까지만 해도, 홀란트(암스테르담, 델프트, 하를렘, 헤이그, 라이덴, 로테르담 등 주요 도시가 포함된 중요 지역)를 비롯한 네덜란드 서부의 저지대 국가(벨기에, 룩셈부르크, 프랑스 북서부)는 물에 잠겨 있는 상태나 다름없었고, 실제로 물에 잠겨 있을 때가 많았답니다. 이곳은 세 개의 강이 모이는 질퍽질퍽한 지대에 모래와 진흙이 쌓여 형성된 곳이라 끊임없는 침수로 위험했기 때문에, 그들의 역사는 '물과의 싸움'의 역사라고 해도 과언이 아닐 정도였대요. 13세기 이후에야 홀란트의 주요 지역들이 독창적인 댐, 제방, 배수로를 건설하며 사정이 크게 개선됩니다. 풍차는 홀란트에서 고안되진 않았지만—9세기 페르시아에서 시작되었다죠— 네덜란드인은 그 기술을 개량해 물을 퍼 올리는 데 사용했죠. 농경에 적합하지 않아 인구도 희박했던 저지대 국가는 사실 유럽 지도에서 그다지 두드러지지 않는 지역이었어요.

하지만 이런 입지 덕분에 일찍부터 교역의 중심지로 번창할 수 있었고, 네덜란드 역사의 분기점이 되었습니다. 카롤루스 대제 이후 서로마 제국의 세력권에 들기 시작한 네덜란드는 프랑크 왕국의 분열을 따라 몇몇 봉건 국가의 영지가 되었는데요. 특히 십자군 전쟁으로 무역이 발달하면서 도시들이 급격히 성장하게 됩니다. 13세기 말에는 부르고뉴 가의 필리프가 현재의 저지대 국가 전역을 지배했는데, 필리프의 손녀가 합스부르크가와 혼인하면서 네덜란드는 합스부르크의 통치를 받게 되죠. 이후 1555년 카를 5세는 펠리페 2세에게 에스파냐와 네덜란드를 상속했어요.

그런데 16세기 종교 개혁의 바람이 네덜란드에도 불어닥쳤습니다. 네덜란드는 모직물 산업으로도 중시되었지만, 에스파냐에 있어서는 식민지에서 들여온 상품을 유럽 전역으로 판매하는 무역 거점으로 특히 중요했죠. 그런 곳에서 루터파와 칼뱅파 등 신교도가 늘어가는 것은 가톨릭의 수호자였던 에스파냐로선 용납할 수 없는 상황이었습니다. 그래서 펠리페 2세가 파견한 에스파냐 총독은 강압적인 신교 탄압 정책을 펼쳤고, 이에 네덜란드는 오라녜 가문 후예인 빌럼 공을 중심으로 전쟁을 벌이기 시작합니다. 이것이 영국혁명, 미국독립전쟁, 프랑스 혁명과 함께 서유럽 4대 시민혁명의 하나로 손꼽히는 80년간에 걸친 네덜란드 독립전쟁(1568~1648)의 시작입니다.

1588년 독립 선언 이후 적극적으로 해외 진출을 도모한 네덜란드 선단은 세계 해양을 누볐고 그로부터 10여 년 뒤인 1609년 암스테르담에는 세계 최초의 증권거래소가 설립됩니다. 이후 돈이 너무 많이 들어와 빨리 돌게 되자 네덜란드 전역에는 은행과 증권거래소가 들어섰고요. 이들을 통해 실물 상품, 주식, 외환, 신용대출 등이 이루어진 네덜란드는 반박의 여지가 없는 세계 최대의 무역 국가였습니다.

그리고 이런 발전 과정은 동인도회사를 빼놓고는 설명할 수 없는데요. 1602년 네덜란드 정부와 민간이 함께 자본금을 투자해 세운 세계 최초 주식회사이자 다국적 기업인 동인도회사는 심지어 주권 권력으로 무장한 무역 독점체여서요. 외교를 집행하고, 조약에 서명하고, 동맹을 체결하고, 군대를 유지하고, 총독을 임명하고, 전쟁도 할 수 있었죠. 해군 지휘관이든 국적을 이탈한 식민지 총독이든, 동인도회사의 모든 직원은 회사와 네덜란드 국회 양쪽에 충성을 맹세해야 했던 놀라운 조직. 이들은 인도네시아 등 각지에 상관을 설치하면서 동방무역에 뛰어들어 엄청난 이익을 챙길 수 있었습니다. 이후 설립된 서인도 회사는 마찬가지 방법으로 아프리카와 아메리카에 진출하며 활동했지요.

네덜란드 동인도 회사는 놀랍게도 우리나라 역사와도 관련이 있답니다. 이들은 1600년 일본에 표착한 이후, 종교 문제로 철퇴를 맞은 포르투갈 대신 나가사키의 데지마를 기지로 삼아 일본과 무역을 하고 있었죠. 그러던 중 타이완에서 나가사키로 가던 동인도회사 소속 상선 스페르웨르호가 폭풍우로 제주도 앞바다에서 난파당했고, 그 배의 선원들은 효종이 다스리고 있던 조선에 발을 딛게 됩니다. 13년 20일 조선살이를 하다 도망친 후 회사에 그간의 임금 지급을 요청하는 조선 생활 관련 보고서를 작성하는데요. 그 출판 본이 우리나라로 들어와 당시 조선에 관심을 불러일으키면서 지금까지도 읽히고 있으니, 바로 『하멜표류기』입니다.

네덜란드의 경제 성장을 이끈 힘이 있었다고요?

네덜란드의 역사에 관해 좀 더 자세히 알고 『하멜표류기』가 네덜란드 동인도회사에 낸 조선 보고서라는 걸 듣고 나니, 왠지 네덜란드가 이전보다 더 가까운 나라라고 느껴지네요. 그렇다면 이렇게 네덜란드가 경제 성장을 이룩할 수 있었던 특별한 이유가 있었을까요? 그게 네덜란드가 제국이라 불릴 수 있는 것 즉, 제국주의나 자본주의와 어떤 관련이 있을까요?

네, 물론 이유도 있고, 그게 바로 네덜란드가 제국이라 불렸던 점과도 관련이 있답니다. 17세기 '황금시대'를 맞이한 네덜란드에서, 특히 전 세계 생산품이 거래되고 문화와 과학이 만개한 암스테르담은, 유럽 최대의 무역항이자 문화의 중심지였습니다. 암스테르담이 그런 도시가 될 수 있었던 것은, 본래 저지대 지역 가운데 가장 부유하고 증권거래소와 은행이 밀집한 도시 안트베르펜이 있던 남부 지역이 1578년 에스파냐에 점령당한 뒤부터입니다. 에스파냐는 당시 신교를 탄압하고 있던 가톨릭 국가잖아요. 그곳에서 탄압을 피해 빠져나온 전문인력들이 암스테르담으로 유입되면서 새로운 금융 중심지로 주목받았고 그러면서 급격한 발전을 이룩한 거죠. 이처럼 네덜란드인이 세계를 제패할 수 있었던 엄청난 경제 성장은, 에스파냐와 다른 개방적이고 자유로운 분위기와 관용에 힘입은 바가 컸습니다.

그런 분위기가 지금 생각하면 별다른 게 아닌 거 같지만요. 17세기 에스파냐뿐 아니라 유럽 전역에서 종교적인 분쟁과 박해가 일반적인 경향이었던 걸 생각하면, 당시 네덜란드 연방공화국의 관용 정책은 사실 굉장히 놀라운 점이랍니다. 네덜란드에는 다른 유럽 국가와 달리 국교가 없었어요. 가톨릭 국가 에스파냐에 저항해 독립전쟁을 벌여 탄생했지만, 그렇다고 신교를 강요하지도 않았고, 신교도가 아니라 하여 벌금을 부과하거나 처벌하지 않았죠. 그러다 보니 당시 네덜란드는, 에스파냐의 지배에 있던 네덜란드 남부의 신교도, 프랑스의 위그노, 독일의 루터파, 에스파냐와 포르투갈의 세파르디 유대인, 유럽 동부의 아슈케나지 유대인, 거기에다 영국의 필그림까지 유럽 곳곳으로부터 종교적인 망명객의 발길이 향하는 곳이 되었습니다.

이중 드러나게 세계사에 큰 발자국을 남긴 이들도 있는데요. 필그림은 그중 하나입니다. 이들은 아시다시피 영국에서 박해받고 쫓겨난 신교의 분리주의적 분파죠. 12년 동안 네덜란드에 은신해 있다가 1620년 메이플라워호를 타고 북아메리카의 뉴잉글랜드로 출발해 정착한 사람들이 바로 이들이고요. 추수감사절의 시작과 함께 미국이라는 국가가 건설되는 데 결정적 순간을 만들어낸 사람들입니다. 또한 1685년 낭트칙령(1598년 프랑스에서 앙리 4세에 의해 선포된, 가톨릭 외 종교의 자유를 허가한 칙령)이 폐지된 후 네덜란드로 도망쳐온 프랑스의 신교도인 위그노는 비단, 의류, 모자, 가발, 시계 등 제조업에서 혁혁한 성공을 보여주며 네덜란드의 산업 발전을 견인합니다. 반대로 이들이 유출된 뒤 프랑스 산업이 쇠퇴의 길에 놓이면서, 프랑스 혁명으로 가는 길이 닦인 것 역시 유명한 역사적 사실입니다.

이외에도, 유럽의 많은 도시가 침체를 겪던 1570~1670년 당시 암스테르담 인구가 3만에서 20만 명으로, 라이덴의 인구가 1만 5천에서 7만 2천 명으로 증가하는 데 기여한 많은 이주민은 네덜란드연방공화국이 50년이라는 짧은 기간 안에 경제 각 분야에서 패권을 장악하는 데 큰 역할을 담당했습니다. 공동체를 건설하고 거주하면서, 네덜란드를 세계적인 무역, 산업, 금융의 중심지로 만들어낸 겁니다. 다이아몬드 무역과 유대인의 예를 한번 살펴볼까요?

세계의 거의 모든 다이아몬드 원석은 브라질에서 다이아

몬드가 발견된 1725년 이전까지만 해도 인도에서 나오고 있었죠. 희귀한 푸른 빛을 띤 44.5캐럿의, 이름과 달리 저주받은 다이아몬드로 악명 높은 호프 다이아몬드와 280캐럿에 달하는 그레이트 무굴, 이걸 소유한 자는 세계를 지배하지만 남성은 착용하면 안 된다는 전설이 깃든 영국 여왕의 왕관을 장식한 108.9캐럿의 코이누르 등 역사상 손꼽히는 유명한 다이아몬드는 모두 인도에서 나온 것들입니다.

인도에서 원시적인 방법으로 채굴된 거친 원석을 가져다 유럽 귀족에 얹혀 장식될, 찬란한 빛을 뿜는 다면체의 보석으로 변모시키는 사업을 장악한 이들이 바로 유대인입니다. 마드라스에서 카이로, 베네치아까지 뻗친 유대 상인의 연락망은 무려 천년 경부터 세계 다이아몬드 무역을 좌지우지해 왔는데요. 이는 유대인들이 전통적으로 대부업에 종사해 오면서, 담보물로 나오는 보석류를 감정, 세공, 판매하는 전문 기술을 터득하고 있었기 때문입니다. 결국 유대인들은 어디에 정착하든지 다이아몬드 사업을 운영했고, 이들의 무역과 금융 네트워크는 유럽과 지중해를 아시아와 아프리카, 아메리카 대륙과 연결할 정도였습니다.

1492년 초 재정복 운동(레콩키스타)에 성공한 에스파냐에서는 가톨릭에 대한 열정이 달아오르면서 종교적 박해가 심해집니다. 그 때문에 쫓겨난 유대교도들 가운데 많은 수는 포르투갈의 리스본에, 좀 더 뒤에는 현재 벨기에 도시인 앤트워프에 정착했죠. 시간 차이가 있긴 하지만 두 도시는 급속히 발전해 국제적인 무역과 금융의 중심지로 발돋움하게 됩니다. 리스본은 유럽으로 향하는 다이아몬드 대부분이 경유하는 통로가 되었고요. 앤트워프는 다이아몬드 세공의 중심지이자, 합스부르크 왕국 전체의 담보물 교환소에 유럽 '최고의 금융시장'이 되기에 이릅니다. 이는 당연히 유대인의 다이아몬드 무역에 힘입은 덕분이었지요.

그러다 1540년대 이단 심문소가 포르투갈을 본격적으로 공격하고, 1550년대 앤트워프에서도 추방의 움직임이 거세어지자, 유대교도와 콘베르소(기독교로 개종했으나 유대교를 지키던 사람들), 즉 세파르디 유대인들이 몰려든 곳이 바로, 훨씬 관용적인 네덜란드였습니다. 당시 세계에서 가장 부유한 상인이자 금융업자로, 품위 있고 박식하던 이들은 은행 적금을 늘리고 암스테르담 주식시장 설립에 중추적인 역할을 하게 됩니다. 네덜란드연방공화국에 자금을 쏟아부으며, 네덜란드의 '제국주의'가 뻗어 나가는 데 연료를 공급하게 된 셈이죠. 결국 17세기 중엽 리스본과 앤트워프 대신 암스테르담이 유럽 다이아몬드 산업의 중심지이자 유대인의 금융 및 무역 네트워크의 중심지로 올라서게 된 겁니다.

암스테르담이 관용으로 인해 빛난 점은 비단 경제에만 국한되지는 않았습니다. 문화적, 예술적, 지적 독창성의 분출로도 나타나서요. 위대한 빛의 화가 렘브란트뿐 아니라 「진주 귀걸이를 한 소녀」로 유명한 요하네스 페르메이르, 프란스 할스나 얀 스테인은 모두 이 시대 네덜란드의 거장들이고요. 네덜란드 출신의 박식한 인문주의자인 후고 그로티우스는 20대인 1600년대 현대 국제법을 기초해낸 '국제법의 아버지'입니다. 당대 계몽주의 사상가 중에도 지적 개방성에 끌려 네덜란드에 거주하거나 글을 썼던 이들이 있었는데요. 17세기 사상계의 위대한 3인방, 르네 데카르트, 바뤼흐 스피노자, 존 로크가 바로 그들입니다.

하지만 이토록 유럽인을 끌어들일 만큼 매력적인 관용과 개방은 오직 네덜란드 내에서만 유효한 것이었음을 잊어서는 안 됩니다. 네덜란드가 그렇게 경제적으로 발달할 수 있던 기본적인 동력은 유럽 외 여러 지역을 '무역'이라는 이름 하에 '약탈'의 대상으로 삼은 것이거든요. 아메리카 대륙에서 나는 금과 은, 아시아의 후추와 향신료, 카리브해의 설탕 등은 물론이고요. 발트해에서 지중해, 아프리카를 아우르며 교역의 대상이 된 여러 사치품 예컨대 커피, 차, 코코아, 직물, 담배, 보석류 등은 엄청난 이윤을 낳는 새로운 노획품이었지요.

그리고 제국주의나 자본주의와 관련해 주목할 만한 것은,

이들의 선박을 이용한 새로운 '약탈' 방식이 그동안 전통적인 제국의 패권이 추구했던 목표를 변화시키는 결과를 가져오게 되었다는 점입니다. 즉, '이웃 나라로의 영토 확장이 그렇게 중요한 것은 아니다'라는, 정말 놀라운 인식의 변화였어요. 네덜란드의 새로운 세계 지배 전략이 군사력에 의한 영토 정복이 아니라 군사력을 토대로 한 '자본주의'였기 때문입니다.

네덜란드는 인도네시아와 카리브해를 비롯한 여러 지역에 거대한 식민지를 거느리던 제국이었지만, 사실 이 '제국'의 가장 큰 구성 부분은 준 민간기업인 동·서인도회사가 장악하고 있던 수많은 교역소였습니다. 네덜란드는 전함을 동원해 교역로에 독점권을 행사하며 세계에서 가장 높은 수익을 올리고 있던 이 회사들을 보호했던 거고요. 당시 어느 나라도 따라잡을 수 없는 우세한 해군력에 높은 생산성과 상업 금융상의 우세를 점하고 있었던 점. 이것이 네덜란드를 군사력이 기초가 된 상인 자본주의 제국의 최초 형태였다고 보는 이유입니다.

물론 이런 네덜란드의 황금시대도 영국의 명예혁명 기 오라녜 공 빌럼 3세가 영국으로 건너가 윌리엄 3세로 즉위하자 그 힘을 영국에게 넘기고 막을 내리게 됩니다만. 앞서 이야기 나눈 대로 영국이 19세기 제국주의의 선도적 역할을 할 수 있었던 건 네덜란드가 연 길을 뒤따른 데 힘입었다고 해도 과언이 아닐 겁니다. 윌리엄 3세와 함께 건너온 유대인은 18세기 영국의 최대 적인 프랑스와 전쟁을 수행하는 데 필요한 군수품과 자금 공급에 중요한 역할을 했고요. 특히 잉글랜드 은행을 설립해 당시 전쟁 자금을 더 체계적이고 빠르게 공급받을 수 있게 했다죠. 이렇듯 네덜란드로부터 알게 모르게 많은 것을 이식받은 영국이니, 영국의 제국주의가 네덜란드의 그것과 상당히 닮은 꼴인 건 당연한 거겠죠?

역사에 남은 닷컴 버블의 긍정적인 결과는 무엇인가요?

\# 네덜란드에 그런 세계사적 의미가 있었다니 정말 놀라운 이야기네요. 결국 그런 튤립 거품 같은 상황이 가능할 수 있는 경제적 사회적 여건이 만들어졌다는 거고, 그렇다는 건 버블이 나름 그 사회의 경제적 단계를 추측하게 해주는 지표가 될 수 있다는 거군요. 그렇다면 1990년대 닷컴 버블 역시 역사에 남긴 긍정적인 결과도 있을까요?

스탠퍼드 대학교의 실리콘밸리 역사가이자 연구가인 레슬리 벌린의 말을 일부 인용한 거긴 하지만, 한마디로 이렇게 설명할 수 있을 것 같아요. '컴퓨팅이 전문가의 취미에서 벗어나 일반인이 거실에서 하는 일거리가 되었다는 점'이라는 겁니다. 특히 인터넷 서비스 업체들이 닷컴 버블로 산업의 전면에 등장하기 시작했다는 게 의미가 깊지요.

독점의 문제가 발생하긴 했지만 웹 브라우저가 대중화되면서 어쨌든 인터넷에 접근하는 사람들이 많아진 건 사실입니다. 그러면서 인터넷 서비스 업체들이 등장하게 되는데요. 당시 대표적 기업으로 꼽히는 것이, 바로 야후!와 아마존입니다. 사실 이들이 스타덤에 오르는 것과 동시에 닷컴 버블도 속도를 높일 수 있었거든요.

포털 사이트 이름이자 이를 운영한 야후!는 창업한 지 1년 만인 1996년 나스닥 상장에 성공해 억만장자 반열에 오른 기업입니다. 부침이 심했던 다른 포털이나 검색 서비스들에 승리를 거두면서 입지를 공고히 해갔어요. 전성기에는 본국인 미국이나 캐나다뿐 아니라 중남 아메리카, 거기에 한국을 비롯한 동아시아와 대부분의 유럽 국가, 아프리카 국가에서 압도적인 포털 점유율 1위를 고수했고, 심지어 중국에서마저도 상당한 점유율을 기록할 정도였지요.

우리나라와도 관련이 깊은 검색엔진인 게요, 한국형 포털 사이트의 형태를 처음 제시한 곳이거든요. 네이버와 다음 모두 어느 정도 이를 벤치마킹했고 그 흔적이 남아 있기 때문이죠. 하지만 적극적인 브랜딩 전략이나 배너를 중심으로 한 광고모델을 이용해 성장한 이들 역시, 2000년대 닷컴 버블이 꺼지며 광고주 대부분이 퇴장하자 심각한 곤경에 처하게 되었고, 결국 구글에 최고의 자리를 내어주고 맙니다.

반면 지금까지 세계적으로 엄청난 영향력을 구가하고 있는 아마존 역시 이 시기에 탄생합니다. 1990년대 당시, 아마존 창업자 제프 베조스는 사업 계획을 구상하면서 인터넷에서 판매하기 좋은 아이템을 고민했다고 하죠. 사업 계획, 시장 조사 등 상당히 체계적인 고민 끝에 선택한 것. 그게 오늘날 아마존을 있게 만든 '책'입니다. 책을 수백만 권 보유한 서점이 실제로 존재하는 것은 불가능하다는 점에 착안해, 이를 가능하게 하는 초대형 가상서점인 아마존을 설립하게 된 건데요. 1995년이었죠. 그러고 보면 1995년은 참 중요한 해였던 것 같네요. 모자이크에, 윈도 95로도 모자라 아마존까지 더해지니 말이에요.

아마존은 설립 한 달 만에 인터넷에 몰려드는 주문을 소화하기 위해 전 직원이 직접 주문받은 책들을 전 세계 45개국에 선적할 정도로, 그 성장은 놀라웠다고 합니다. 1997년 5월 상장한 아마존이 엄청나게 성장하는 모습은 닷컴 버블을 일으킬 만큼 인상적이었다고 하고요. 하지만 놀랍게도 당시 아마존의 수익은 거의 없었다고 해요. 일선에서도 그래봐야 서점이고 수익도 별로 나지 않고 있으니 결국 투자금을 쓰고 나면 망할 거라 예견하면서 관전 중이었죠.

하지만 제프 베조스는 자신만의 방식으로 밀고 나갔습니다. 매출은 꾸준히 증가하지만 적자는 지속되는 상황에서, 도리어 가격을 계속 낮추면서 덩치를 키워나가는 방식을 고수한 겁니다. 적자가 커지더라도 이윤을 포기하는 선택을 한 셈인데, 어느 정도 규모가 되면 고객에게 더 나은 서비스를 제공할 수 있을 거라고 믿었기 때문이라죠. 그래서 더 훌륭하고 안전한 서비스를 위해, 개인정보를 보호하고 신용카드를 안전하게 사용할 수 있게 하는 데 역량을 집중했고요. 그로 인해 아마존은 여느 전자상거래 서비스 회사보다 안전한 전자상거래 플랫폼을 건설하며 지금까지도 승승장구를 이어가고 있습니다.

이즈음 또 다른 인터넷 기업계의 잠룡이 비상할 시기를 기다리고 있었습니다. 인터넷의 보급은 1973년 동갑내기 두 명의 천재에게 새로운 아이디어를 선사합니다. 실리콘밸리와 스탠퍼드 대학을 배경으로 만난 세르게이 브린과 래리 페이지. 성장 배경이나 사고방식 등 서로 너무 다른 둘이지만, 수많은 토론과 다툼을 통해 가장 가까운 친구이자 동반자가 될 터였죠. 이들이 논문을 준비하면서 만든 검색서비스가 이후 검색엔진계를 평정하게 될 거라고는 당시 그 누구도 예측할 수 없었습니다.

처음엔 비밀리에 개발되다 1998년 1월이 되어서야 외부에 알려진 검색엔진. 이름만으로 방대한 데이터를 검색한다는 이미지를 주자고 한 동료 한 명의 제안으로 '구골(10의 1백 제곱)'로 부르고자 했지만, 이미 선점된 상태였기에 바뀐 이름 '구글'. 발음도 쉽고 창조적인 느낌도 풍기게 된 이름의 이 검색서비스는 놀라운 성능 덕분에 폭풍적인 인기를 끌기 시작합니다.

처음에는 스탠퍼드 대학의 도메인을 이용했다고 합니다. 그런데 하루 접속 횟수가 1만 건을 넘어가면서 학교 네트워크에 문제를 일으키기 시작했고, 심지어 전체 네트워크를 마비시키는 일들이 발생했대요. 이후 외부에 팔자고 결정하고 알타비스타나 야후!와 접촉했지만, 인수하려는 기업이 없었답니다. 그런 와중 서비스의 가치를 알아본 지도교수가 창업을 권유했고요. 초기 투자자들의 도움으로 받은 10만 달러 수표를 들고, 학교 근처 차고에서, 그렇게 구글은 시작됩니다.

제프 베조스를 비롯한 투자자들을 만나 1999년 2층 건물로 옮긴 후, 그때부터 구글만의 독특한 문화가 시작되었다는데요. 누구나 새벽까지 먹을 수 있는 각종 간식을 놓고 마사지 서비스를 제공하는 회의실에, 회의 탁자를 겸한 탁구대를 구비한, 회사를 거의 놀이터화하는 구글 문화의 탄생이었죠.

같은 해, 상대방이 투자한 곳에는 결코 동시에 함께 투자한 적이 없던 실리콘밸리 최고의 양대 벤처 캐피탈이 둘 다 구글에 투자했다는 뉴스가 세상에 알려졌고요. 공동 기자회견이 열린 그 순간, 구글은 스타 벤처기업이 되어 있었습니다.

사실 1990년대는 마이크로소프트라는 절대 제국이 지배하고 있던 시절입니다. 물론 권력에 취한 이들은 새로운 땅을 개척하기보다 남이 개척한 땅을 빼앗는 일에만 열심이었지요. 하지만 이와 함께 인터넷이라는 새로 등장한 신대륙에 재빨리 교두보를 세우고 세력을 확장함으로써 제국으로 나아가려는 신흥 국가들이 등장한 때이기도 했습니다. 젊지만 강한 국가 아마존과 구글이 참전을 선언했고요. 여기에 과거의 영광에 파묻혀 영영 사라질 뻔했던 애플이 스티브 잡스를 수혈함으로써 2007년 핵폭탄급 폭탄을 터뜨릴 기반을 다진, 그러면서 앞으로의 전쟁은 더욱 치열해질 걸 예고하던 시절. 이들이 인터넷 신대륙에 교두보를 세울 수 있도록 연료를 부어 넣은 힘은 유대교도가 네덜란드 제국에 제공했던 그 힘, 바로 닷컴 버블을 추동한 힘이었습니다.

닷컴 버블이 가져온 의미 있는 변화가 더 있나요?

 # 정말 1990년대는 변혁의 시대였군요. 현재 우리 일상에서 항상 같이 있는 유명한 회사들이 닷컴 버블 시기에 등장하고 발전했다는 게 정말 놀랍습니다. 인터넷 사업체의 본격적인 등장 말고도 닷컴 버블이 가져온 의미 있는 변화가 더 있을까요?

네, 있습니다. 물론 나스닥이 폭락하자 수많은 비관론자가 닷컴 버블을 인간의 탐욕이 낳은 단순한 해프닝으로 취급한 건 사실입니다. 하지만 그 덕분에 인터넷 관련 인프라, 즉 수백만 마일의 광섬유와 해저 케이블, 소프트웨어와 네트워크 장비가 순식간에 깔리며 발전했고요, 데이터베이스와 서버도 확충되었죠. 우수한 인재와 자본이 인터넷 산업으로 몰려들었다는 평가 역시 사실입니다.

거기에다 1990년대 닷컴 붐은 소비자의 행동에 중요한 변화를 일으켰다는 평가 또한 적절하게 보입니다. 이 시기를 거치면서 많은 것들이 인터넷상에서 자연스러워졌거든요. 예를 들어볼까요? 사람들은 쇼핑과 정보 검색을 위해 웹을 사용하는 방법을 알게 되었고요. 콘텐츠와 미디어의 소비도 좀 더 평범한 일이 되었죠. 온라인 도구로 은행 거래나 세금 납부를 하면서 인터넷에 무언가를 '맡긴다'라는 개념도 생기고, 개인정보도 공유하게 되었어요. 이 모든 일들은 앞으로 따라올 여러 기술과 그걸 활용할 비즈니스 모델을 예고하는 신호가 된 셈이지요.

여기에 인터넷이 좀 더 건전하게 성장할 수 있는 계기를 마련해주면서 현재 실리콘밸리를 부상시키는 데 결정적인 역할을 했다는 점도 부인할 수 없습니다. 특히 인터넷이 기회의 땅이 될 여건을 마련해주었다는 점에서 그러한데요. 마이크로소프트가 지배하고 있는 컴퓨터 소프트웨어 세상과는 전혀 다른 세상이 펼쳐질 그런 땅 말이에요. 물론 그 기회가 영원했는지, 그리고 그 결과가 현재 해피엔딩이냐는 별개의 문제이긴 합니다만. 시행착오를 겪은 수많은 기업이 망하고 다시 태어나는 과정에서 인터넷 산업은 진보했습니다.

닷컴 기업은 대부분 사라졌지만, 말씀드렸다시피 일부는 생존했을 뿐만 아니라 혁신과 성장을 거듭해 실리콘밸리의 큰 수익을 내는 기업으로 탈바꿈했습니다. 아마존의 성장과 구글이라는 걸출한 기업의 출격은 당시 혁명적 변화가 완전히 거품은 아니었다는 걸 보여준 셈입니다. IT 기업으로 세계를 누빌 일명 '페이팔 마피아'도 등장했고요. 닷컴 버블을 통해 현재 세계의 디지털화에 가장 큰 영향을 미치고 있는, 메가트랜드로 '스마트'가 자리 잡을 수 있도록, 또한 '포털'들이 '플랫폼'으로 변모하면서 디지털 제국으로 가는 입지를 다질 수 있도록 한, 그 기초 역시 만들어진 겁니다.

자 그럼, 우리가 넘어갈 다음 국면이 예상되시죠? 버블 속 생존자 혹은 그들의 후예가 포털을 건너 메가 플랫폼으로 변모해 디지털 제국이 된 과정. 그리고 아마존과 구글, 페이스북, 애플 같은 일명 플랫폼 제국들과 그들이 데이터를 둘러싸고 벌이는 있는 치열한 전쟁 이야기. 맞습니다. 활용할 수 있는 빅데이터의 규모에 따라 디지털 제국의 흥망성쇠가 갈리다 보니, 정보의 바다를 한 뼘이라도 더 차지한 뒤 가능한 한 많은 데이터를 채굴하기 위해, 이들은 각자의 특기를 살린 거함을 내세워 치열한 전쟁을 벌이고 있지요. 오늘, 지금, 이 순간에도 말입니다. 이런 제국들의 거대하고 치열한 상황이 나의 소소하고 평온한 지갑에는, 그리고 일상에는 어떤 의미가 되어 있는 걸까요? 다음 이야기로 함께 풀어볼까 합니다.

4

자라에서 GAFA까지, 그들의 은밀한 이야기
_데이터 채굴과 플랫폼 제국
(feat. 에스파냐 제국)

2025년 현재 에스파냐의 국왕은 펠리페 6세입니다. 2m에 가까운 큰 키, 훤칠한 체격의 미중년으로 유명한 그는 펠리페 5세 국왕 사후 268년 만에 펠리페라는 이름을 쓰는 왕이라고 합니다. 펠리페는 에스파냐에서 남다르게 의미 있는 이름이죠. 에스파냐 최전성기의 통치자, 해가 지지 않는 제국의 시초 그리고 무적함대로 유명한 펠리페 2세. 그의 이름을 따 식민지를 '필리핀'이라고 이름 붙였을 만큼요. 거기에 부계와 모계 모두 빅토리아 여왕의 후손인 유럽 군주는 현재 영국 찰스 3세와 스웨덴 칼 16세 구스타프, 그리고 펠리페 6세뿐이래요.

이런 국왕의 외모나 이름, 혈통에 더해 국민의 시선을 끄는 것이 더 있습니다. 바로 국왕 비 레티시아와 두 딸의 패션인데요. 화려해서가 아니라요. 패션에 가장 적게 지출하는 유럽 왕실 인사 중 한 명으로 꼽힐 정도로 검소하면서도, 세련되게 옷을 입어서 그렇다는군요. 레티시아는 에스파냐 국영방송 앵커 출신으로 펠리페와 1년 남짓 연애한 끝에 결혼했는데, 평민 출신의 이혼녀인 데다 구설에 휘말린 적도 많았대요. 그에도 불구하고 레티시아의 패션은 언제나 화제가 되고, 입은 옷은 완판되는 등 국민의 호의 어린 관심이 높다고 합니다.

레티시아 왕비가 자주 입는 옷은 '자라'라고 합니다. 자라는 합리적인 가격의 브랜드로 인식돼 빈부 차이를 떠나 모두 애용하는, 그야말로 에스파냐의 '국민 브랜드'라죠. 국민의 마음을 사로잡은 건 다른 소탈한 행동과 함께 이같이 저렴한 자국 브랜드와 디자이너 제품을 애용하는 레티시아 왕비의 모습이라고 합니다. 많은 이들은 이런 모습이 그동안 에스파냐에서 불거져 온 군주제 폐지론을 잠재우는 데에 긍정적 영향을 미치고 있다고 분석합니다.

자라는 영국 왕세자비 케이트 미들턴의 애용 브랜드로도 알려있지만, 사실 패스트 패션의 대명사라는 상징성을 지닌 브랜드로 유명합니다. 패스트 패션이 뭐냐구요? 'H&M', '유니클로'가 대표적인데요. 기획부터 생산, 유통까지 한 회사가 직접 맡아서 판매하는 의류 브랜드를 가리키는 말입니다. 한국에서는 '스파(SPA)' 브랜드라고 불리죠. 자라는 1975년 에스파냐의 환상적인 항구도시 라코루냐에서 첫 매장을 열었는데요. 특히 1990년대 이후 불어닥친 패스트 패션의 열풍과 함께 급성장해 지금은 세계 최대 의류 브랜드 중 하나가 되었다고 해요. 2023년 패스트 패션 세계 1위의 기염을 토하기까지 했으니까요.

그런데 이런 자라의 괄목할 만한 급성장에는요. 놀랍게도 앞서 살펴보았던 디지털로 변모한 세계, 그리고 그 대세를 이끈 정보통신 기술 발달과 아주 밀접하게 관련된 비밀이 숨겨져 있답니다. 그 비밀이 일명 'GAFA'라 불리는 플랫폼이 휘황찬란한 제국을 건설하고 지금껏 그 위용을 자랑하는 데에, 아니 그 영토 확장을 더욱 당당하게 추진하는 '핵심 기제'라는 사실 역시 굉장히 중요하고요. 하여 이번에는 이들에 관한 은밀한 이야기를 나눠볼까 합니다. 이는 재고 처리 계의 황제라 불리는 자라뿐 아니라 데이터 채굴과 GAFA를 비롯한 수많은 디지털 플랫폼 제국, 그리고 그것들이 우리 지갑에 가지는 힘에 관한, 재미있지만 일견 무섭기도 한 놀라운 이야기이기도 합니다.

패션과 데이터는 어떻게 연결되어 있나요?

 # 유럽 왕비가 세계적인 해외 명품으로 치장하기보다 자국의 패스트 패션을 애용하면서 자랑스럽게 여기는 게 참 보기 훈훈하네요. 우리 주변에서도 쉽게 볼 수 있는 브랜드인 것도 그렇지만, 자라가 플랫폼이나 데이터와 관련된 정보통신 기술을 살펴볼 수 있는 브랜드라는 사실 역시 놀라워요. 패션과 데이터, 언뜻 보면 전혀 관련이 없을 것 같은데, 어떻게 서로 연결된 걸까요?

네, 전혀 그렇게 보이지 않지요. 이토록 승승장구하며 일명 패션 제국이라고 불리는 자라에서 패션과 데이터가 만나는 지점은 바로 '재고'에 있어요. '팔리지 않아 창고에 쌓아둔 것'. '추후 판매를 위해 창고에 미리 확보해 둔 물품'. 재고를 뜻하는 거죠. 패션에서만이 아니라 거의 모든 제조업 경영의 고민거리가 아닐까요? 고가의 스마트폰이나 승용차, 심지어 아파트마저 재고의 덫에서 벗어나 있는 분야를 찾기는 쉽지 않습니다.

재고 처리를 위해 눈물을 머금고 할인 판매를 하지만, 사실 할인은 기업에 '제 살 깎아 먹기'나 다름이 없습니다. 이윤을 포기하는 건 물론이고, 할인가에 익숙해진 소비자는 신상품일지라도 제값을 주고 사려 하지 않기 때문이죠. 결국 미처 판매대에 오르지 못한 신상품은 다시 재고의 운명을 맞으며 악순환은 계속입니다. 재고는 비용을 늘리고 그 비용은 당연히 손실로 이어지니까요. 결국 재고 처리에 성공해야 신상품 출시에도 집중할 수 있는 기회가 커지니, 한 기업의 이익은 재고 관리 전투에서의 승패에 달려 있다고 해도 과언이 아닐 정도지요.

자라는 타 브랜드에 비해 광고에 별로 비용을 들이지 않는 걸로 유명합니다. 전통적인 판매자들은 매출의 3~4% 정도를 광고비로 지출한다는데, 자라는 겨우 0~0.3% 정도밖에 안 된다죠. 할인 판매 역시 지양하는 편이고요. 그런데도 에스파냐에서 자라 고객은 매년 평균 17회나 매장을 방문한다고 하니 한 달에 1번 이상은 들른다고 봐야죠. 더 놀라운 건 이런 방문 횟수가 업계 평균의 4~5배라는 거고요. 정상가 판매 제품 비율도 85%. 보통은 60~70%인 데 대하면 엄청난 거죠. 그뿐인가요? 할인으로도 소진이 안 되는 재고 비율은 10% 미만에 불과하대요. 일명 '무(無) 재고 운영 정책'이 성공을 거두고 있는 셈입니다.

2016년 《포브스》에서는 자라의 창업주 아만시오 오르테가 회장을 세계 부자 1위로 발표한 적이 있어요. 2024년 현재 전 세계 82개국 5천 개 이상의 매장을 보유하고 연간 1만 5천 개 신상품을 출시하면서도 재고를 획기적으로 줄이는 비결. "옷 장사는 생선 장사와 같다. 유행이 지난 옷은 어제 잡은 생선처럼 신선도가 떨어진다"라는 그의 철학에서 모든 건 시작되었을 거예요. 앞으로 유행할 옷을 예측하고 쇼를 통해 공개하곤 하는 거만한 자세가 아니라, 지금 당장 고객이 입고 싶어 하는 옷을 내놓는 게 중요하다는 신념 역시 비결이었겠지요. 그리고 그걸 현실에서 이루어준 비결이 바로 '정보통신 기술'. 더 정확하게 고객의 요구를 파악하고, 더 빠르게 적재적소에 제품을 공급하게 하는 힘의 원천, '빅데이터'에 있습니다.

사실 패션 브랜드가 한 시즌 상품을 기획하고 디자인해서 생산, 유통 과정을 거쳐 매장에 진열, 판매하려면 6개월~1년의 기간이 필요하다고 해요. 그런데 자라는 제품 스케치부터 매장에 걸리는 시간까지 단 2~3주밖에 걸리지 않는대요. 2주에 한 번씩 재고를 최신화하고, 주문을 받으면 전 세계 모든 매장에 48시간 이내 배송. 경쟁사들의 시즌 신제품이 컨테이너에 실려 세계 각지로 배송되는 동안, 자라 매장을 방문한 소비자는 일주일에 2번씩 새로운 제품을 입어볼 수 있는 거예요. 1주일 판매 추이를 지켜보고 반응이 좋지 않으면 바로 철수, 반응이 좋아 계속 진열한다고 해도 최대 4주까지만.

이 모든 과정을 위해 판매, 지역 전문가의 고객 선호도와 기호 분석은 필수인데요. 그 분석의 대상이 바로 데이터예요. 매장에서 실제 고객들이 입어보고 구매하는 상품의 실시간 데이터를 모으고 선호도를 분석하기 위해 빅데이터를 활용하는 겁니다. 의류에 RFID(전자 라벨)를 부착해 고객들이 어떤 상품을 주로 만져보고 입어보는지도 확인하고요. 당연히 어느 매장에 어떤 재고가 있는지도 빠르게 파악할 수 있지요. 전 세계 매장의 POS(판매정보관리) 기기만이 아니라 온라인 판매, 설문 조사, PDA(개인정보단말기)도 실시간 데이터를 보내줍니다. 각 매장의 매니저들 역시 소비자들에 관한 보고서를 올립니다. 고객이 어떤 제품을 찾고, 어떤 옷을 입고 매장을 찾는지 철저히 관찰하도록 훈련받았으니까요.

본사에 있는 전문 데이터 분석가들이 이렇게 각 지역으로부터 모인 데이터를 분석해 조직별로 전달, 고객의 반응을 파악하고 대응하고 있는 거예요. 어느 매장과 물류 창고에 재고가 어느 정도 있는지, 어떤 제품이 얼마나 인기가 있고 없는지, 어디서 어떻게 무엇을 판매해야 하는지, 어떻게 해야 최대 매출이 가능하게 최적으로 재고를 분배할지. 실시간으로 전달된 고객 요구가 반영된 제품이 빠르게 생산되니, 판매량 역시 증대하는 건 물론이고요. 결국 '속도와 트렌드'라는 자라의 철학이 빛을 발하는 데 데이터가 중요한 도구로 사용되고 있는 겁니다.

데이터가 중요하게 여겨지는 이유는 무엇인가요?

 # 자라의 선전에서 데이터가 정말 큰 부분을 차지하고 있네요. 그러고 보니 언제부터인가 빅데이터라는 용어가 떠오르더니, 기업이나 정부가 데이터에 관심을 보이는 것 같아요. 전 세계적으로 말이죠. 대학에도 빅데이터 학과가 있고 빅데이터 분석 기사 자격증도 생긴 걸 보면 많은 분야에서 활용되는 게 맞는 것 같은데요. 정확하게 데이터가 의미하는 게 뭔가요? 21세기 현대에서 유독 데이터가 중요하게 여겨지는 이유가 있을까요?

실제 지구상에는 매일 수억 명 이상이 데이터를 만들고 공유해요. 여기서 말하는 데이터는 사실 '소셜 데이터'에 가깝죠. 한 개인의 활동, 습관, 관심사 같은 '개인정보'일 수도 있고요. 사람을 비롯한 상품, 장소, 생각 혹은 그들이 맺고 있는 관계에 관한 정보이기도 합니다.

구글, 네이버 검색과 인터넷 오픈마켓의 구매 내역, 심지어 클릭해 본 상품 목록에, 결제 수단과 시간, 시시각각 기록되는 스마트폰의 위치정보를 포함한 수많은 정보예요. 단지 그뿐일까요? 페이스북이나 X(트위터)에서 공유하는 정보, 이력, 가족이나 친구, 동료와 의사소통하면서 그가 만들어내는 인간관계 데이터가 있잖아요. 사용해본 제품의 후기를 남길 때, 남긴 리뷰에 반응할 때, 인스타그램 사진을 태그할 때도 데이터는 만들어져요. 스마트 온도 제어장치가 설치된 집, 내비게이션이 장착된 자동차, 팀 기반 소프트웨어를 이용하는 직장, 학교와 병원 등등. 온갖 디지털 센서를 통해 데이터는 일상생활의 일부로서 감지되고 만들어지고 저장되고 있어요.

데이터는 보통, 어떤 게 일어났다는 정보예요. '지식'이 왜 일어났는지와 관련된 정보라는 것과 비교하면 어떤 느낌인지 아시겠지요? 용어상으로는 '자료', '재료', '논거'라는 뜻을 가진 Datum의 복수형인데요. 분석이나 활용될 수 있는 디지털화된 자료이자 정보, 쉽게 말해 사람들이 만들어내는 수많은 디지털 흔적이라고나 할까요?

그래서 데이터는 기록이 동반되고요. 기록의 단위로서 모든 자료는 그 일이 발생한 걸 감지하는 '센서'와 그걸 담는 '저장 장치'가 필요해요. 물론 기록되는 건, 이용자의 활동이죠. 그렇게 기록된 어마어마한 규모의 데이터. 디지털 환경에서 만들어지는, 규모가 크고 생성 주기는 짧으면서도, 수치만이 아닌 문자, 영상 같은 다양한 형태를 가진 데이터. 그걸 빅데이터라고 하죠. 여기에 빅데이터를 다루는 기술이나 사용 인프라 같은 것까지 포함해서요. 지구에서 매일 쏟아져 나오는 빅데이터는 그야말로 상상을 초월할 정도라지요. 적극적이거나 소극적이거나, 혹은 자발적이거나 무의식적이거나, 정확하거나 피상적이거나. 그렇게 공유 생성되는 데이터의 총합은 엄청난 규모로 매일 쌓이고 있어요.

이렇게 데이터를 모으는 작업은 감지하고 기록하고 분석하는 어떤 거대한 틀에 의존하고 있는데요. 인터넷으로 이메일을 하거나 검색, 혹은 소셜 네트워크에 한정되어 있던 PC 중심의 패러다임을 바꾼, 그래서 폭발적으로 데이터가 생성될 수 있는 틀이 만들어진 건 바로 2007년 스티브 잡스의 스마트폰 혁명이 계기였어요. 그 덕분에 인류는 언제, 어디서든, 누구나 데이터의 생산자로 변모될 수 있었으니까요. 스마트폰이 혁신에 혁신을 거듭하면서 점점 더 많은 센서와 앱이 탑재되고, 이와 함께 새로이 개발된 인공지능 기기들이 집, 쇼핑몰, 직장에서 우리를 따라다니면서 더 많은 데이터를 긁어모아 저장하고 있습니다.

그럼 이렇게 생성되는 데이터가 중요한 이유는 뭘까요? 한 개 한 개의 데이터는 사실 별 의미가 없어요. 어떤 나이의, 어떤 성별의 사람들이, 어떤 시간에, 무얼 하기를 좋아하고 싫어하는지. 하나하나로는 의미가 없던 정보들이 거대한 정도로 모이고 분석되면 감추고 있던 의미를 드러내거든요. 그 의미를 아무나 알아볼 수는 없는데요. 대규모의 디지털 흔적을 통해 인간의 행동 패턴을 그려내는 데이터 관련 과학자,

기술자들이 필요한 이유입니다.

그들은 데이터를 아주 세밀하고 정교하게 분석하고 정제해서 인간의 선호도와 유행을 파악하고, 다음에 나올 행동을 예측해요. 예전 전통적인 사업가라면 알지 못했던 문제, 그저 막연하게 감으로만 느끼던 소비자의 요구를 구체적으로 잡아낼 수 있게 되었죠. 거기에 맞춰 적응하고 대응하는 게 가능해진 건데요, 심지어는 더 나아가 인간의 다음 행동을 유도하거나, 정치적으로라면 여론을 '만들어낼 수도' 있는 단계까지 갈 수 있어요.

그러니 21세기 디지털 사회에서는 생산수단이 아니라 데이터를 소유한 사람들이 경제를 지배한다는 생각은 과장이 아닐지도 몰라요. 특히 데이터를 '신석유'라고 이야기하는 학자들이 있어요. 19~20세기 한 세기가 넘도록 인간 사회와 경제는 석유라는 천연자원을 기반으로 발전해 왔잖아요. 원유를 발견하고 추출한 다음 이송, 저장, 정제해서 전 세계가 사용할 물건을 만드는 기술을 기반으로, 제조업은 그렇게 발전했으니까요.

데이터도 마찬가지라는 거죠. 이용자의 활동이 천연자원이고, 이런저런 방식으로 추출 정제 사용되는 재료가 됩니다. 이 미가공된 데이터를 제품 및 서비스로 탈바꿈시키는 능력, 그러니까 데이터를 통합하거나 분석, 비교해서 그걸 반영한 새로운 제품이나 서비스를 내놓는 역량이 21세기 자본주의의 성패를 쥐고 있다고 보고 있어요. 그만큼 중요하다는 거겠지요.

디지털 플랫폼과 데이터는 어떤 관계가 있나요?

데이터가 신석유라니 정말 놀라운 비유네요. 그런데 이런 데이터의 중요성을 처음부터 알았던 건 아니었잖아요. 이게 사용되는 걸 보면서 중요하다고 깨달았을 텐데, 그 계기가 플랫폼이었다고 들었던 것 같아요. 어떤 과정에서 드러났을까요? '플랫폼'하면 미국의 GAFA가 제일 먼저 떠오르는 데 그런 회사와 관련이 있을까요?

맞습니다. 이런 모든 실질적인 과정의 시작은 1990년대 말 기술사에서 벌어진 일련의 혁명들로, 자본주의가 데이터에 관심을 가지면서부터였죠. 기본적으로 제조업이 부진에 빠지면서 이윤 생산에 적신호가 켜졌고, 자본주의가 경제 성장을 회복하고 활력을 유지하는 수단을 다른 분야에서 발견하지 못했으니까요. 비록 역사는 '버블'이란 현상으로 평가하긴 했지만, 그 과정에서 엄청난 내공을 쌓은 회사들이 등장하기 시작한 이유고요. 이 회사들의 발전 궤적, 즉 단순한 정보기술(IT)에서 정보통신 기술(ICT)로 발전해가는 과정, 다시 말하면 정보 전반을 다루는 기술에서, 스마트폰, 모바일 디바이스, 원격 제어 등 정보기술에 커뮤니케이션이 강조 되어가는 과정이, 데이터가 중요하게 다루어지는 과정과 비슷한 궤를 보이는 거지요.

사실 전통적인 사업 모델은 데이터 추출과 사용에 뛰어나지 못했어요. 미국 소매유통점의 데이터 추출 발전사를 예로 들어볼까요? 200년 전에는 상점에서 매일 폐점 시간에 진열대에 남아 있는 상품 목록과 서랍 속 돈을 만년필로 종이 장부에 기록한 게 상점 주인이 보유한 데이터의 대부분이었어요. 별 차이가 없는 제품에 비슷한 가격. 소비자는 그저 포장지가 얼마나 매력적인지, 제품이 약속하는 게 얼마나 그럴싸한지, 혹은 이웃이나 친구 가족의 의견이 어떤지에 따라 구매할 물건을 결정하곤 했죠. 150년 전, 몇몇 회사가 총 1만 개가 넘는 제품이 실린 우편 주문 카탈로그를 발행해 미국 전역의 소도시 고객들 사이에서 큰 인기를 끌었어요. 어느 고객이 어떤 물품을 어디로 주문했는지, 지역별로 판매된 제품이 무엇인지 드디어 윤곽을 그릴 수 있게 되었습니다.

100년 전, 우편 주문 카탈로그 회사들은 번화가에 화려한 쇼룸이나 매장을 열고 재고 관리를 위해, 판매 데이터를 샅

살이 뒤져 소비자 수요를 예측하는 분석 전문가를 동원했어요. 고객별 거래 데이터 수집이 한층 수월해진 계기는 1960년대 중반 신용카드 제도의 도입이었고요. 하지만 이때도 고객이 사는 곳과 어디서 얼마나 지출했는지가 데이터 개인화의 최대치였어요. 그런 가운데 사회적 고정관념을 반영해 소비자를 그룹화해 세분화 마케팅을 하는 회사들이 엄청난 속도로 성장했어요. 이런 마케팅은 시간이 지나며 온라인 유통업으로 확장할 기회를 찾았지요. 인구통계학적 정보보다 온라인 데이터가 훨씬 더 많은 정보를 제공해줄 걸 알게 되었기 때문이에요. 그러면서 등장한 사업 모델이 바로 정보통신 기술의 발달과 함께 등장한 새로운 모델, 플랫폼이에요.

'플랫폼'은 본래 '평평한 단'이라는 뜻으로 그 위에 사람들이 모일 수 있는 장을 가리켜요. 열차 플랫폼이 열차를 타려고 사람들이 모인 곳을 뜻하잖아요. 거기서 나온 '디지털 플랫폼'은 '온라인에서 공급자와 수요자의 거래를 중개하는 장'을 말해요. 소비자, 광고주, 서비스 제공자, 생산자, 공급사, 심지어 물리적 객체까지 서로 다른 공급자와 수요자가 되어 만나게 해주는 매개자인 거죠.

공급자와 수요자는 그 플랫폼에서 플랫폼이 마련한 규칙을 따르기만 하면 직접 만나지 않고도 다양한 상호 작용을 할 수 있어요. 플랫폼 소유자는 상호 작용만이 아니라 상품 및 서비스의 개발 규칙도 결정하죠. 매개자란 위치 덕분에 더 많은 데이터에 접근할 뿐만 아니라 게임의 규칙을 제어하고 지배할 수도 있고요. 일명 '플랫폼 권력'입니다.

물론 핵심 아키텍처 안에는 고정된 규칙도 있지만 생성적인 면도 있어서, 이용자는 자율적인 방식으로 무언가를 만들어내기도 해요. 예컨대 페이스북의 핵심 아키텍처는 개발자가 앱을 생산하고 기업이 페이지를 만들며 이용자가 정보를 공유하게 하죠. 그렇지 않으면 더 많은 이용자를 유치할 수 없기 때문이에요. 애플의 앱 스토어도 마찬가지. 이런저런 유용한 앱을 생산하게 하는데, 이를 통해 이용자와 소프트웨어 개발자를 애플의 생태계에 묶어두는 거죠. 새로운 이용자를 유입하고 이용자의 관심을 유지해 서비스 이용자가 점차 늘어나면 늘어날수록 매출, 수익이 함께 증가하거든요.

그래서 디지털 플랫폼 사업자들은 점점 더 규모를 키우고 독점화하려는 경향이 있는데요. 그렇게 성장한 메가 플랫폼을 '플랫폼 제국'이라고 부르기도 하는 이유입니다. 앞으로 각 플랫폼에 대해 알아보면 더 명확해질 테지만, 이들이 가지는 권력의 밑바탕에는 이렇게 해당 플랫폼에 참여하는 사용자 수가 늘어나면 늘어날수록 그 가치가 더욱 증가하는, 일명 '네트워크 효과'가 깔려 있습니다.

현재는 중국 플랫폼 제국의 약진도 무시할 수 없지만, 지난 수십 년 동안 일명 GAFA로 불리는 구글, 애플, 페이스북, 아마존 4대 미국 정보 기술회사는 그야말로 '제국'이라는 명칭이 무색하지 않을 정도의 막대한 경제 규모에 이윤을 창출해 왔습니다. 스스로는 역사상 어떤 국가, 조직, 기관보다 인류에 더 많은 기쁨을 주고 혁신과 연결성을 이루었다고 평가한다는데요.

물론 그 과정에서 돈을 막대하게 벌 수 있는 좋은 일자리, 즉 청년들에게 꿈의 직장인 된 곳 수십만 개를 창출한 건 사실이에요. 무엇보다 사람들 호주머니나 가방 속에 불과 몇십 년 전에는 상상할 수 없던 슈퍼컴퓨터를 한 대씩 넣어주었을 뿐 아니라, 생존을 도와주는 수많은 제품과 서비스를 한 치의 오차도 없이 제공해주고 있죠. 세계 낙후된 지역에 인터넷을 넣어주고 동영상 서비스를 지원하고요. 유례없이 거대한 부도 '주식 소유'라는 방법으로 창출했습니다.

그럼, 그들에게 막대한 돈을 벌게 해주는 원천은 어디에 있는 걸까요? 우리는 이들이 '어떻게든 이윤을 창출하려는 회사'라는 데 동의하면서도, 우리 생활에 가장 비밀스러운 부분까지도 마치 친구처럼 이들을 끌어들이는 데 별 경계심을 가지지 않아요. 이들이 아무렇지도 않게 슬쩍 물어볼 때마다 우리는 기꺼이 내어주곤 하죠. 내게는 그저 작고 하찮고 쓸데없이 보여 마구 내어줘도 별로 거리낌 없게 느껴지는 정보. 그 정보들이 이들에게는 막대한 돈을 벌어다 주는 현대의 신석유, 바로 데이터랍니다.

아마존은 어떤 방법으로
데이터를 채굴해 이익을 얻고 있나요?

플랫폼 제국이 어떻게 우리 데이터를 모으고 사용하는지 흥미진진한데요. 궁금하기도 하고 조금 무섭기도 하고요. 닷컴 버블에서 아마존과 구글이 어떻게 살아남고 발전할 수 있었는지 그 초반 이야기는 이미 나누었잖아요. 이들은 어떻게 데이터를 채굴하고 가공해서 이익을 얻고 있나요?

그럼, 먼저 아마존을 살펴볼까요? 이미 말씀드렸다시피 아마존은 온라인서점에서 출발했어요. 그러다 식품과 의류, 가전제품을 거쳐 현재는 디지털 콘텐츠, 클라우드 컴퓨팅, 금융 서비스, 오프라인 상점에 이르기까지 다양한 영역으로 사업을 확장해 왔어요. 특히 물류 서비스에서는 더 많이, 더 빨리 배송하기 위해 트럭, 항공기, 드론까지 첨단기술을 동원하고 있죠. 본래 우위였던 전자상거래 분야뿐 아니라 워낙 다방면으로 진출해서 빠르게 성장하고 확장하다 보니, 아마존이라는 제국이 진출하는 분야에서는 그 분야를 선도하던 기업이 아마존의 고속 성장에 밀려 나락으로 떨어지는 상황이 벌어졌습니다.

'모든 걸 파는 상점'이라고 불리는 아마존에서 그것보다 더 중요한 건, 고객과 상품에 관한 데이터를 저장하는 최초의 '모든 걸 저장하는 상점'이라는 거예요. 수억 가지 제품을 판매하니 모든 제품을 전시할 수도 없고, 소비자 역시 전체 카탈로그를 모두 훑어보는 것도 불가능하죠. 그래서 고객이 찾는 물건을 알려주지 않으면 아마존은 어떤 제품을 보유하고 있는지 보여줄 수 없어요. 순위가 매겨진 검색 결과 목록을 얻기 위해 고객은 먼저 '자신'이라는 데이터를 제공해야 해요. 그렇게 아마존은 데이터 추출을 시작합니다. '계산대에 서기 전까지 어떤 물건이 관심이 있는지 혼자만 알고 있다'라는 소비자의 선택지는 애초부터 존재하지 않는 겁니다.

플랫폼에서 벌어지는 상호 작용을 최대한 활용하기 위해 아마존은 개별 사용자의 개인적 속성을 찾아냈다고 해요. 거리, 신용카드, 구입 카테고리 개수, 낮과 밤의 비교 등등 그 속성은 무려 5백 가지에 달한다죠. 그에 따라 쇼핑 중인 고객에게 보여줄 정보를 결정해요. 과거 그 상품을 구매한 사람들의 검색어, 클릭, 구매 목록을 모두 분석해 고객이 제품을 클릭하면 대체품(다른 고객이 이 제품을 보고 난 뒤 구매한 제품)과 보완품(이 제품을 산 고객이 구입한 다른 제품)도 함께 제시하는 거죠. 마찬가지로 제품을 클릭한 다음 실제로 구매한 사람의 비율을 제공하고요. 아마존은 이렇게 클릭과 구매 데이터의 총합을 바탕으로 제품 추천 시스템을 개발했어요. 제3자가 아마존에서 제품을 판매할 수 있는 플랫폼 역시 구축하고, 물품을 보관할 수 있도록 창고 공간을 제공하면서 분석 대상의 범위는 더욱 확장됩니다.

사실 데이터 저장 자체는 혁신이 아니에요. 아마존을 독보적인 기업으로 만든 건 고객의 관심사와 선호도, 그리고 현재 상황에 맞는 물건을 추천하기 위해 데이터를 가공하려는 '데이터 정제소'로서의 노력이죠. 아마존은 고객이 사이트에서 생성하는 모든 데이터를 활용해 마케팅 방법을 혁신했고, '제품 리뷰'라는 형태로 고객이 데이터를 생성할 수 있는 수단을 주었어요.

기대 이상으로 고객들은 자기 경험을 다른 소비자들과 공유하는 데 열성적이었고요. 제조사나 마케팅 담당자, 판매자가 제공한 제품 설명보다 고객의 리뷰를 더 신뢰했습니다. 게다가 고객이 직접 리뷰를 남기자 직원이 작성할 때보다 더 많은 상품을 커버할 수 있었고, 고객들 역시 직원 한 명이 아닌 다양한 이들의 평가를 참고할 수 있었죠. 결국 아마존은 제품 리뷰 담당 직무를 없애고, 가장 유용한 고객 리뷰를 제품 페이지 상단에 보여주는 알고리즘 개발에 투자했어요. 현재 온라인 스토어에서 일상이 된 구매 방식이 시작된 겁니다.

아마존은 이들 사업에서 얻은 수익을 바탕으로 인공지능 개발에도 집중하고 있는데요. 2014년 출시된 음성 인식 스마트 스피커인 아마존 에코가 그 출발점이에요. 기본적으로는 블루투스 스피커인데, 음악연주를 하거나 뉴스, 스포츠, 날씨 등 필요한 정보를 제공해요. 스마트 홈 기능을 가진 제품과 연결해서 집안의 전등, TV 등을 음성으로 조절할 수도 있죠.

여기에는 아마존의 음성 인식 인공지능 '알렉사'가 탑재되어 있어서요, 개인 휴대 통신기처럼 작동해 질문에 대답하고 음악을 불러오거나 인터넷 쇼핑할 때 여기에 응하게 되어 있어요. 이 과정에서 아마존은 고객들의 대화를 엿듣고 소비 행동에 관련된 데이터를 모으죠. 더 나아가 알렉사를 자동차, 가전, 조명 등 생활환경을 둘러싼 모든 제품에 탑재하고 이를 기존 서비스와 결합하고 있는데요. 덕분에 고객의 사적인 생활이나 여러 가지 욕구 정보를 다른 어떤 회사보다 포괄적으로 확보할 수 있습니다.

오프라인 상점 아마존 고도 마찬가지입니다. 아마존 고에는 계산대가 따로 없어요. 여기서 상품을 구매한 고객은 계산 절차 없이 물건을 그냥 가지고 나가면 된다죠. 매장 천장에 설치해 둔 수백 대의 카메라가 아마존 고 앱을 설치해 입장한 고객들의 얼굴을 컴퓨터 비전 기술로 인식해요. 모든 진열대에 배치된 무게 감지 센서는 고객이 담는 상품들을 일일이 추적하고 디지털 상품과 매치시키고요. 물건을 가지고 나가면 미리 연동해둔 신용카드를 통해 결제되는 거죠. 센서가 고객의 가방과 앱을 스캐닝하기 때문입니다.

시간이 꽤 지난 현재에는 아마존 고가 생각만큼 효율적이지 않다고 판명되었지만, 이 두 서비스 도입의 시도는 아마존이 지향하고 있는 바가 무엇인지 명확하게 보여주고 있어요. 고객 편의를 최우선으로 하는 아마존의 궁극적인 목표. '제로 클릭'. 클릭 없는 주문입니다.

현재는 '원클릭' 시스템 단계, 글자 그대로 클릭 한 번으로 주문과 결제가 동시에 이루어지는 시스템이지요. 가입 후 배송지와 카드 정보를 입력해두면 이용할 수 있게 한 방법인데요. 1999년에 미국 특허청의 인정을 받아 아마존만 사용하다 2017년 9월 특허가 만료되면서 후발 주자들도 이 결제 시스템을 자유롭게 사용하고 있습니다. 진짜 간편해서, 결제를 한 건지 안 한 건지, 언제 결제했는지 기억이 나지 않을 정도예요.

옷을 입고, 장바구니를 들고, 걷거나 운전해 오프라인 매장에 가서 여기저기 돌며 골라 담고, 계산대에 가서 바코드

를 하나하나 찍으며 지폐를 꺼내 계산하고 그 모든 걸 가지고 돌아오는 장보기. 아무렇게나 입고 누워서 스마트폰 앱에 들어가 인공지능이 추천해주는 상품을 둘러보다 장바구니에 담고 클릭 한 번으로 주문에다 결제까지, 배달 오기만 기다리면 되는 장보기. 어느 과정이 내 지갑을 아무 때나 쉽게 저항받지 않고 열 수 있을까요? 결제를 최대한 매끄럽게, 저항을 줄이려는 판매자들의 처절한 노력이 보이시나요?

이런 원클릭도 아닌 제로 클릭이라니요. 상상이 되지 않지만, 그런 때가 있잖아요. 비교해서 결정하는 것도 바쁘고 귀찮아서 누가 대신 결정하고 주문해줬으면 좋겠다는 생각이 들 때 말이에요. 혹시 알아요? 아마존의 목표가 이루어지면 내 취향을 나보다 더 잘 아는 세계 최대의 온라인 쇼핑몰이 대신 주문, 결제하는 날이 올지도요. 물론 그러면 '편리'는 하겠지요. 가뜩이나 머리 아픈 일들도 많은데 소소한 물건 하나하나 그램당 가격을 비교해 가면서 시간과 노력을 '허비'할 시간이 꼭 필요한 건 아닐 수도 있으니까요.

아마존은 상품구매 데이터와 구매 경로, 신용카드 정보 등 많은 양의 빅데이터를 보유하고, 이를 기반으로 추천 알고리즘을 사용하고 있는데요. 실제로 아마존은 머지않아 소비자가 굳이 어떤 결정을 내리거나 주문하지 않아도 필요로 하는 걸 제공하게 될지도 몰라요. 만일 아마존이 모든 필요성을 염두에 두고 인공지능을 이용해 소비자별로 가장 적합한 구매를 제안하는 시스템을 만든다면, 세계에 퍼져 있는 아마존 구매자가 이 제국을 위해 지출하는 총액은 더더욱 늘겠죠.

하지만 그렇게 아마존이 디자인해주는 구매의 대상 상품이 되기까지, 상품은 어떤 조건을 맞춰야 할까요? 물론 품질이 좋은 상품이 되는 과정이라면 당연하겠지만, 그 외 입점해 있는 판매자는 아무 노력도 필요 없을까요? 이런 과정에서 다른 소매업체를 도태시킨 뒤 아마존만 남은 상황이라면, 어떤 일이 벌어질까요. 물건을 구입할 다른 소매점이 없어진다면 그때 아마존은 어떤 위치에까지 오를 것이며 어떤 권력을 가지게 될까요? 아마존이 모든 영역의 소비자 지출을 장악해서 다른 모든 소매업체가 사라지면, 자체적인 거래 조건만 설정할 거예요. 다른 선택지들이 남지 않았다면 소비자는 아마존의 거래 조건을 무조건 따라야 하겠지요. 마이크로소프트사의 윈도가 떠오르는 건 저만인가요?

구글은 어떤 행보를 보여왔나요?

그러고 보니 현재 편리함 뒤에 올 상황은 정말 생각해본 적이 없네요. 진짜 아마존만 남으면 어떻게 하죠? 그러고 보면 아마존이

발붙이지 못하게 만든 우리나라 플랫폼들이 새삼 대단하다 생각되는데요. 구글은 어떤가요? 유명한 "Don't be evil(사악해지지 말자)"이 구글의 모토잖아요. 좀 다르지 않았을까요?

네, 맞아요. 구글의 이미지는 다른 플랫폼 제국과 좀 다르기는 하지요. 알파벳의 자회사로 편입된 이후에도 모토는 역시 "Do the right thing(옳은 일을 하자)"으로 되어 있으니까요. 하지만 구글 역시 매일 검색하는 수십억 명의 데이터를 모든 전쟁에서 무기로 쓰고 있습니다.

구글이 성장한 결정적 계기는 에릭 슈미트의 영입이었어요. 과학자 출신의 기업가 슈미트는 '선마이크로시스템스'와 '노벨'에서 CEO로 재직했죠. 자바 개발을 주도했고 리눅스 업체에서 대표를 맡았으니, 마이크로소프트의 반대 진영에서 오랫동안 일한 셈이었어요. "마이크로소프트 체제를 무너뜨리지 않고 변화는 없다." 슈미트의 주장대로, IT 역사를 새로 쓸 젊은 기업 구글의 핵심 전략은 반(反) 마이크로소프트가 되었어요.

슈미트가 CEO로 구글에 합류한 시점은 2001년. 두 창업자의 발칙한 사고와 통찰력에 사업가 및 최고 기술 개발자로서 슈미트의 20여 년 풍부한 경험이 합해져 구글은 초고속 성장을 거듭했습니다. 세계 최대의 포털 사이트가 되기까지 10년도 채 걸리지 않았는데요. 인터넷으로, 심지어 무료 서비스를 중심으로 돈을 벌 수 있다는 걸 입증하면서 말이죠.

구글이 확보한 방대한 양의 데이터베이스에 누구나 쉽게 접근하여 무료로 이용하도록 하는 것. 이를 바탕으로 새로운 데이터를 모아 체계화하는 것. 구글의 경영 방침인데요. 이런 경영 방침이 그대로 반영된 구글의 검색엔진은 그야말로 독보적입니다. 매일 수십억 명의 사용자들이 구글에 검색을 의존하고 있다는데, 질문 여섯 개 가운데 하나는 질문자가 다른 누구에게도 하지 않은 질문, 즉 처음 하는 질문이라고 합니다.

그런데 그 결과가 일반 검색 결과인지 유료 검색 결과인지도 분명히 밝히고 있어서 신뢰도가 높고요. 광고업자들이 일반검색 결과에 영향력을 행사하지 못하도록 차단한 것이야말로 구글 검색을 더욱 믿을 수 있게 만든 설정이죠. 광고업체에 휘둘리지 않는 정직한 검색 요소와 창의적인 이름, 호감을 주는 창업자들, 그리고 우아하리만치 단순한 홈페이지 같은 요소 덕분에 구글은 악해 보이지 않았어요. 심지어 사용자들에게 매력적으로 보였고, 잠재적 경쟁자들에게까지 전혀 위협적이지 않아 보였죠. 직원들이 자유분방한 직장 분위기 속에서 반려견과 함께 잠자는 모습 등등까지 이런 이미지를 만드는 데 일조했고요.

그런데 이런 검색이 구글을 광고 분야에서 초자연적 힘을 발휘하도록 만들었다면 이해되실까요? 구글은 검색 플랫폼으로서 막대한 양의 검색 활동에 접근하는 게 기본입니다. 그런데 검색 활동은 사실 개인의 다채로우면서도 변덕스러운 욕망을 대변하거든요. 기존의 '전통적인 시장'에서 사람은 비슷한 범주로 묶여 분류되곤 했어요. 예를 들어 '20대, 여성, 신촌에 사는 대학생'이라는 한 카테고리로 묶이면 서로 다른 개성에도 불구하고 같은 화장품, 같은 식품, 같은 의류를 선호하는 사람으로 취급되곤 했지요.

하지만 구글이 등장하면서 우리가 입력한 검색어는 개개인을 독특한 문제, 목표, 욕망이 있는 한 개인으로 만들었어요. 같은 동네에, 같은 연령대, 같은 성별의 사람일지라도 관심사, 상황, 호기심에 따라 검색하는 내용은 다 다르니까요. 세계에서 올라오는 하루 35억 개 검색어는 은밀한 의도를 노출하면서 소비자 행동에 관한 통찰을 구글에 주고 있는 셈이에요. 이 검색 데이터 덕분에 구글은 광고 사업에서 훨씬 더 유리해졌죠. 개개인의 행복에 맞춘 맞춤형 광고를 마케팅 대상에게 제공할 수 있기 때문입니다.

구글은 개개인이 검색을 하면 그 답을 줄 뿐 아니라, 심지어 자신이 원하는 게 뭔지 알기도 전에 그 사람이 원하게 될 걸 미리 일러주기도 합니다. 예를 들어 어떤 사람이 구글에서

사소한 호기심으로 아크로폴리스 여행이나 그리스에 있는 여러 섬을 검색하면 그 약간의 내면 노출에 반응해 최저가의 항공권이나 숙박업소를 추천해주는 식이죠. 이런 광고 생태계는 유튜브 같은 강력한 자사 플랫폼들과 합쳐져 구글이 전 세계 광고 매출 1위를 기록하는 데 크게 기여하고 있습니다. 구글은 우리의 희망과 걱정을 엿보아 제품을 판매하려는 기업으로부터 대가를 받으며, 그렇게 제국이 되어 왔습니다.

2004년 서비스를 개시한 지메일은 사용자의 관심사를 수집할 또 다른 데이터 원천입니다. 무료로 서비스되는 지메일은 개인의 이메일 내용을 분석해 어떤 광고를 보여줄지 결정하는데요. 사람들은 메일이 마치 편지처럼 수신자만 볼 수 있게 봉인되어 있다고 여긴 적도 있었죠. 하지만 지금은 매달 수십억 명이 사용하고, 대부분 사용자는 무료로 이메일 서비스를 받는 대신 구글이 이메일 내용을 읽는다는 사실을 알고 있습니다. 사용자는 개인화된 광고 노출 등의 대가를 기꺼이 받아들입니다.

1989년 출범한 이래 짧은 시간 내에 세계 최대 검색엔진으로서 굳건하게 자리매김한 구글. 지메일과 구글 맵, 유튜브 등의 서비스, 웹 브라우저 크롬, 스마트폰용 OS 안드로이드, 클라우드, 자율주행 차, 스마트시티, 우주개발, 인공지능 등의 다양한 분야로 구글의 사업은 확장되었고, 2015년에는 대규모 조직 개편을 단행해 지주회사 알파벳을 설립했습니다. 이 수많은 사업 가운데 구글은 한쪽에서는 서비스나 상품을 저렴하게 판매하고, 다른 한쪽에서는 가격을 올려 손해를 만회하는 전략을 채택하고 있어요. 지메일을 공짜로 제공해 이용자를 끌어들이고, 대신 광고 부문에서 수익을 올리는 거죠. 요금을 받는 것, 받지 않는 것, 수익을 내는 것, 내지 못하는 것. 그 사이 균형을 유지하는 게 중요해지고 있습니다. 초반의 구글에 비하면 어딘가 많이 변한 것 같죠?

구글의 주요 사업 중 하나인 디지털 동영상 플랫폼 유튜브에서도 현재 문제가 많이 보입니다. 유튜브는 알다시피 2005년에 서비스를 시작한 세계 최대 동영상 공유 플랫폼입니다. 이듬해 구글이 16억 5천만 달러로 인수해 서비스를 제공 중인데요. 이용자가 영상을 시청, 업로드 공유할 수 있죠. 동영상을 업로드해 일정 수 이상의 사람들이 일정 기준 이상 시청하게 되면 광고가 나오고, 그걸 통해 영상 업로더의 수익이 나는 구조예요.

그런데 그런 수익을 위해 올린 '결말 포함' 영상 요약 콘텐츠가 엄청난 인기를 끌면서, 천문학적인 제작비가 들어간 영화나 드라마의 저작권을 드러내놓고 침범하는 사례가 점점 증가하고 있고요. 타인의 고통이나 죽음, 가짜 뉴스를 통해 수익을 올리려는 유튜버들로 플랫폼이 요란한 것도 사실입니다.

　구글은 정말 사악해지지 않은 걸까요? 마이크로소프트의 독점에 반대하는 기업으로 출발했지만, 어느새 검색 분야에서는 거의 독점기업이 되다시피 하고, 지메일과 함께 무제한에 가까운 데이터를 모으며 광고 분야에서도 독보적인 자리를 차지하고 있는데요. 유튜브의 행보 역시 자못 걱정스럽고요. 구글은 아직도 옳은 일만 하고 있다고 여겨지시나요?

애플의 스마트폰 혁명에는 어떤 의미가 있나요?

그런 검색 기능을 기반으로 광고에서도 엄청난 이득을 얻을 수 있군요. 생각한 것보다 데이터를 추출하는 방법은 무궁무진한 것 같아요. 그런데 이렇게 데이터가 폭발적으로 생성된 게 애플의 스마트폰 혁명이 계기였다고 하셨잖아요? 애플은 플랫폼이라기보다 스마트폰이라는 개념에서 더 직관적으로 와닿거든요. 어떻게 연관되어 있을까요?

　미국의 닷컴 버블 붕괴와 9·11 테러. 이 충격이 채 가시기 전에 시작된 21세기의 첫 10년은 어쩌면 정보기술 기업 역사상 가장 위대한 혁신이 일어났던 기간일지도 몰라요. 상품의 기존 범주를 완전히 허무는 새로운 제품과 서비스가 등장했거든요. 애플에서 해고된 지 11년 만인 1996년 복귀한 잡스의 작품이었습니다. 2001년 아이팟 출시를 선두로 아이튠즈, 애플스토어를 선보였고요. 아이폰이 나와 스마트폰 시장을 완전히 변화시켰습니다. 2010년엔 아이패드까지. 이 모든 게 과거 유례가 없던 제품이었습니다.

애플이 내놓은 모바일 디바이스는 '혁신' 그 자체라고 해도 과언이 아니었는데요. 사실 아이폰 이전에도 스마트폰이 없었던 건 아닙니다. IBM의 사이먼에서 시작해, 노키아, 휴렛팩커드의 포켓 PC 시리즈에, 삼성과 LG에서도 출시되었죠. 그런데 2007년 출시된 아이폰은 이전 제품과 완전히 달랐습니다. '사용자 인터페이스'를 장착했거든요.

키보드를 없앤 대신 정전식 터치스크린으로 사용자 편의성을 극대화하고, 멀티 터치 기능을 넣어 손가락만으로도 많은 조작을 가능하게 한, 거기에다 단순할 정도로 매끈한 외양을 가진, 휴대폰과 인터넷, 그리고 무한의 앱 생태계를 구축시킨 애플스토어의 조합은 아이폰을 단순한 휴대기기에서 인류의 생활방식을 바꾸어버린 제품으로 승격시켰습니다. 데이터를 생산하는 패러다임을 PC 기반에서 모바일 기반으로 이동, 확장하며 폭발적인 생산을 가능하게 한 그야말로 혁명을 일으킨 것이었지요.

그런 애플을 향한 미국 젊은이들의 충성심은 종교라고까지 표현할 수 있을 정도인데요. 이를 만들었다고 해도 과언이 아닌 역사적 통찰. 기술 브랜드인 애플을 사치품 브랜드로 전환하기로 한 선택. 잡스의 획기적인 결정입니다. 아주 비싸서 구매하기 어렵고, 그래서 선택받은 자만 살 수 있기에 그 제품 자체가 사용자의 높은 지위를 한층 더 드러내주는 제품으로 만드는 것. 그동안 기술 분야의 하드웨어 업체가 선택하기엔 어려웠던 전략이었습니다.

사치품 브랜드만이 가지는 특성이 있다고 합니다. 우상화한 창업자, 장인정신, 세계 무대로 확산과 프리미엄 가격 등등이라죠. 애플은 이 모든 걸 갖추어나갑니다. 심지어 스티브 잡스의 죽음까지 더하면서요. 사실 전설이야말로 모든 브랜드의 이상향이고, 전설이 되는 관문은 죽음이죠. 죽음에는 신비로운 힘이 있는 것처럼 보이잖아요. 우상이 된 인물이 일상적인 여러 모습으로 인해 필연적으로 받을 여러 판단을 피하게 해주고, 평범해질 뻔한 한 개인을 전설의 반열에 올려놓기도 하거든요. 애플이 특히 그랬어요. 세상은, 특히 청년들은 21세기 첫 10년 놀라운 혁신이 이어진 직후 사망한 잡스를 숭배하는 열풍을 일으켰고, 그 신격화 과정은 잡스가 죽기 전에 보여준 일종의 금욕적인 모습 덕분에 한층 수월하게 진행되었습니다.

여기에 애플은 단순성, 즉 궁극적 세련미로 사치품의 본질을 표현했습니다. 컴퓨터가 작게 보이도록 만든 여러 수직선과 사과의 짝 '백설 공주'처럼 새하얀 디자인부터, '주머니 속에 천 곡'이라는 슬로건의 아이팟까지 이어진 극도의 단순성은 아이폰에도 구현된, 애플이 집요하게 추구한 특성입니다. 조너선 아이브의 장인정신으로 만들어낸 '필요 없는 디자인은 없는, 디자인 그 자체'인 제품. 아름다운 대상과의 교감이 기쁠 때 충성심은 커지게 마련이니까요.

한편 애플은 다른 어떤 기술기업도 해내지 못한 엄청난 이윤율을 누리며 '저비용을 들인 프리미엄 가격' 제품이라는 목표 역시 달성합니다. 대부분의 기술기업보다 한 세대 앞서 자동화, 로봇화를 실현하고 세계적인 공급망을 구축한 덕분이죠. 부품과 완제품은 중국의 광산과 일본의 스튜디오, 미국의 반도체 공장을 비롯해 세계 여러 국가에 있는 협력업체의 거대한 제조공장에서 공급받고 있어요. 이것이 온라인과 오프라인의 애플 매장으로 나가는 거죠.

그런데요. 애플 제국에 충성심 높은 고객을 만드는 데 크게 이바지하는 게 오프라인 매장이라면 믿어지실까요? 사실 애플이 2001년 매장을 열었을 때 우려가 많았다고 합니다. IT 기업이 본사 직영으로 소매점을 운영하는 일은 거의 없었고, 심지어 화려한 중심가에 호화로운 직영점을 연다는 건 당시

로서는 상상조차 못 할 일이었대요. 그런데 하얀 색조, 우아한 인테리어, 매장에 재고품을 쌓아두지 않는 설계, 밝은 조명 아래 직접 가서 만져보고 싶게끔 전시된 제품에, 고객이 눈짓만 해도 얼른 달려가 궁금한 것을 설명해주는 젊고 열정적인 판매원, 그렇게 사고파는 모든 과정을 다른 사람들이 훤히 볼 수 있도록 하는 유리 벽까지.

여기서 '다른 사람들'에는 다른 고객뿐 아니라 행인까지도 포함됩니다. 그들이 상품을 사는 구매자를 바라보며 그 구매자가 '선택받은 사람'이라는 생각이 들도록 하기 위해서죠. 일단 여기까지 성공하면 애플 매장에서는 모든 것을 팔 수 있었습니다. 물론 제품이 우아하고 유행에 맞게 포장되어 더 높은 가격에 팔리는 다른 사치품과 동일한 설계 개념을 갖춘 건 기본이고요. 이런 요소로 무장한 전 세계 애플의 5백 개가 넘는 매장은 날마다 백만 명이 넘는 숭배자를 불러들여, 소매점 분야에서 2위인 티파니에 비해 압도적인 단위 면적당 수익 1위를 달리고 있습니다.

애플 고객은 이런 모든 요소를 경험하며 자신이 지불한 프리미엄 가격은 그럴 만한 가치가 충분히 있는 정당한 것이라 말합니다. 높은 가격은 품질과 배타성을 보장한다는 일종의 신호라고 생각하니까요. 이렇게 애플 고객은 반도체와 디스플레이 기술을 탑재한 제품에, 서비스와 감정까지 제공받고 있는 겁니다.

 이에 더해 애플 고객이 충성할 수밖에 없는 요소가 또 있는데요. 바로 폐쇄적 생태계입니다. 플랫폼으로서 애플이 가진 특징이지요. 하드웨어는 자체 개발해도 그 하드웨어를 작동시키는 운영체제는 구글의 안드로이드를 쓰는 삼성전자 갤럭시와 달리, 애플은 자체 운영체제(iOS)를 사용해요. 게다가 플랫폼도 가지고 있어요. 자사의 스마트폰 사용자들을 위해 전 세계 개발자가 앱을 판매하는 애플스토어입니다. 이를 바탕으로 iOS와 앱 스토어의 가치사슬을 구성해 사용자의 구매 충성도를 높이는 거예요. 애플 제품을 한번 사용하기 시작하면 다른 제품을 사용하기가, 즉 그 생태계에서 빠져나가기가 좀처럼 쉽지 않습니다. 소비자를 생태계 안에 가둬둔다는 이른바 '록인(자물쇠)' 효과가 발생하기 때문입니다.

 생태계는 콘텐츠 수익 역시 극대화합니다. 애플스토어에서 앱 개발자들이 아이폰과 아이패드용 앱을 판매하면 판매액의 30%를 애플에 수수료로 지불해야 합니다. 운영체제와 플랫폼의 이런 폐쇄적 생태계는 애플을 시가 총액 세계 1, 2위를 다투는 자리까지 올려놓은 핵심 전략입니다. 안드로이드폰 사용자도, 구글이 운영하는 구글 플레이로 앱을 다운로드하는데요. iOS에서 이용할 수 있는 앱은 애플스토어에서만 다운로드할 수 있지만, 안드로이드에서 구동되는 앱은 구글 플레이 이외의 다른 곳에서도 가능합니다.

본래 플랫폼 특성상 네트워크 효과 때문에 데이터 확보를 둘러싸고 치열한 경쟁이 펼쳐질 수밖에 없습니다. 서로의 사업 영역은 수렴되고 그러다 보니 데이터를 독점하려는 경향이 나타납니다. 예를 들어 아마존이나 구글, 애플은 각기 온라인 스토어, 검색엔진, 스마트 디바이스 등 주력 분야는 다르지만 모두 인공지능 개발에 박차를 가하고 있습니다. 이를 위해 각 플랫폼은 생태계 폐쇄 전략을 구사하면서 데이터의 독점을 꾀하는 겁니다. 물론 현재 미국 규제 당국은 애플의 폐쇄적 생태계를 정조준해 개방하라는 압력을 넣는 상황이긴 해요. 애플이 다른 회사들과 협력해 그들의 제품과 서비스를 아이폰과 더 원활하게 연동하도록 해야 한다고 주장하고 있죠. 귀추가 주목되는 상황입니다.

페이스북이 이 시대에 끼친 영향은 무엇인가요?

특히 인공지능 분야에서는 폐쇄적 생태계를 유지하는 게 불리할 거라고 하는 전망이 있는데, 과연 애플이 잡스 시절처럼 혁신을 해나갈 수 있을지 궁금하네요. 그럼, GAFA의 마지막 주자 페이스북은 어떤가요?

사실 페이스북은 규모만 놓고 따지면 인류 역사상 가장 성공한 기업이라죠. 중국 인구는 14억 명, 세계 가톨릭 신자는 13억 명인데, 2004년 2월 창립한 페이스북의 전 세계 월간 활성 이용자 수는 2024년 2분기 29억 3천4백만 명이라고 합니다. 20억 명 이상의 사람과 의미 있는 관계를 맺고 있는 셈인데요. 마크 저커버그가 페이스북을 모체로 설립한 메타 플랫폼은 사용자 1억 명 기준을 가장 빨리 돌파한 다섯 개 플랫폼 중 세 개를 소유하고 있습니다. 페이스북과 왓츠앱, 인스타그램이지요.

현재 이용자 수가 정체, 감소하는 추세여도, 페이스북이 지구인의 삶에 미친 영향은 형언할 수 없을 정도로 막대합니다. 사용자가 게시하는 사진과 글 등을 24시간 동안 보여주는 공간인 페이스북. 사용자에게는 각각 개인 페이지가 있고 거기에는 여러 해에 걸쳐 게시된 개인 콘텐츠가 들어 있어요. 연애·결혼 상태, 교육 수준, 정치 성향에 종교적 신념까지 드러내주는 그런 게시물이죠. 사용자는 좋아하는 영화, 텔레비전 프로그램, 책, 음악, 쇼핑 목록을 만들고, 여행 다녀온 곳을 보고하고, 방문한 맛집을 자랑하고, 수많은 브랜드와 광고 캠페인에 대한 의견을 공유하고, 자신과 아이들, 애지중지하는 개와 고양이 사진을 올려왔어요. 그렇게 게시하고, 게시된 걸 구경하면서 인류는 페이스북에 하루 35분씩 시간을 바쳐왔다고 합니다. 인스타그램과 왓츠앱까지 포함하면 그 시간은 60분으로 껑충 뛴다죠.

페이스북이 이렇게 대규모의 빠른 속도로 영향력이 확대된 건 우리가 갈망하는 게 그 안에 있기 때문입니다. 어떤 소비자가 지갑을 열도록 설득하는 단계 중 가장 먼저 발생하는 '인지 단계'에서 페이스북의 활약이 단연 압도적이라고 합니다. 어떤 친구가 어느 식당에 가서 무얼 먹고 여행하고, 어떤 걸 샀다는 게시물이 올라오면 그렇게 해보고 싶어지잖아요. 다른 어떤 광고나 판매 촉진 매체를 통해서보다 강력하게, 소비할 목표물이 인지되는 겁니다.

이런 게시물은 수십억 사용자의 신상 내용인데, 페이스북의 기본 자원이기도 합니다. 페이스북이 돈을 벌게 해줄 확실한 데이터란 뜻이지요. 타임라인에 올린 글과 사진을 비롯해 클릭하는 대상, 쓰는 어휘, 이런저런 활동, 맺고 있는 인간관계에 들어있는 상세하고 정확한 어떤 사실들 모두. 우리는 결국 돈 한 푼 받지 않고 하루 35분씩 페이스북을 위해 일해주고 있는 셈이군요.

어떤 사람의 행동만큼 그 사람을 표적으로 설정한 광고에 효과적인 건 없다고 하죠. 어떤 사람이 현재 하는 행동이 그 사람의 미래 구매를 가장 정확하게 예측해주는 지표라고 하니까요. 인스타그램에서 지금 한창 유행인 책 이미지를 한

번 더블클릭하면 다음 날 페이스북 피드에 동일한, 혹은 비슷한 광고가 떠 있는 이유입니다. 처음에는 놀랍지만, 이런 일이 계속될수록 좀 오싹하다는 느낌을 받게 됩니다. 사생활을 보호하는 게 중요할까요? 아니면 적합한 정보, 다른 표현으로 맞춤형 광고를 제공받는 게 더 중요할까요?

유튜브도 마찬가지지만 페이스북 알고리즘이 가지는 문제도 있어요. 우리가 어떤 콘텐츠를 소비하면 페이스북 알고리즘은 우리에게 제공해야 할 게 뭔지 알아내버립니다. 우리는 소셜 미디어가 콘텐츠를 중립적으로 제공할 거라 믿습니다. 아니면 자신은 진실과 거짓을 얼마든지 구분할 수 있다고 생각합니다. 믿어야 할 것과 믿지 말아야 할 것, 타인과 소통하는 방법도 알아서 잘 선택한다고 여기고요.

하지만 연구 결과에 따르면 그렇지 않다고 합니다. 우리가 클릭하는 과정은 깊은 잠재의식에서 이루어지고, 충동에 따르는 때가 많다고 합니다. 즉, 잠재의식 깊은 곳에서 소속감을 느끼고 인정, 안전을 보장받으려는 욕구가 우리 행동을 좌우한다죠. 페이스북은 이런 욕구를 이용해 더 많은 '좋아요'를 줌으로써 더 많은 시간을 자기 플랫폼에 머물도록 만들고요. 누군가가 우리가 올린 사진에 '좋아요'를 눌렀다는 사실도 즉각 알려줍니다. 그 바람에 우리는 집이나 직장에서 하던 일을 잠깐 멈추고요. 그뿐 아니라 우리가 자신이나 친구들의 성향에 맞은 어떤 기사를 공유할 때 다른 사람들이 '좋아요'를 눌러주길 기대합니다. 원한다면 그런 콘텐츠를 날마다 보고 공유하고 '좋아요'를 받을 수도 있는 겁니다.

그렇게 각자가 좋아하는 세계만 보여주고 그렇지 않은 세계로의 문은 닫아버리는 것. 좋아하는 사람들끼리'만' 연결되는 것. 그러다 보면 결국 자신이 믿는 것만 옳다는, 격리된 공간 속에 우리는 점점 더 깊이 갇히게 되죠. 알고리즘들은 이런 방식으로 사회를 구분 짓고 양극화를 조장하며 강화해 오고 있습니다.

제국으로서 에스파냐가 실패한 원인은 무엇일까요?

\# 그렇게 생각하니 정말 데이터를 가지고 싸우는 플랫폼 제국들의 습격이 무섭네요. 내 정보도 지갑도 탈탈 털어가고 있고 내 생각을 바꾸기도 하는데, 너무 깨끗하고 부드럽게 이루어져 그것도 모르고 그들을 위해 공짜로 일해주고 있던 거잖아요. 그렇게 자신에게서 추출한 자원을 빼앗기면서 제국을 세우는 데 일조했던 사례가 역사적으로도 있었던 것 같은데요. 추출된 자원에서 소외되며 붕괴했지만, 제국 역시 제대로 이용하지 못해 쇠퇴한 예가 없었나요?

역사 속 많은 제국이 그러했지만, 특히 자라의 고향 에스파냐에서 더 적나라한 예를 발견할 수 있습니다. 에스파냐는 사실 영국 이전에 이미 해가 지지 않는 제국을 건설했던, 세계 최초의 식민제국이기도 합니다. 에스파냐, 포르투갈, 네덜란드 같은 저지대 국가, 이탈리아에 남북 아메리카와 아시아까지. 그야말로 세계 제국이라는 명성에 걸맞은 영토를 통치했었지요.

이런 지위까지 오를 수 있던 데에는 에스파냐가 신항로 개척을 통해 아메리카를 '소유'할 수 있었던 점이 매우 큰 역할을 했습니다. 14~15세기 신항로 개척에서 포르투갈이 아프리카를 우회에 인도로 가는 항로를 발견한 대신, 에스파냐는 대서양을 건너는 항로를 택했잖아요. 8세기부터 이베리아반도를 지배했던 이슬람교도를 축출한 재정복 운동, 레콩키스타를 완성한 1492년. 크리스토퍼 콜럼버스가 아메리카 대륙에 발을 디딘 뒤 에르난 코르테스, 프란시스코 피사로로 대표되는 콩키스타도르(정복자)들이 아메리카의 고대 문명을 무너뜨렸어요.

사실 아메리카에서는 동방에서 나는 향신료 따위를 찾을 수 없었기 때문에, 처음 에스파냐의 실망은 이만저만이 아니었다고 합니다. 하지만 지하자원, 특히 금은이 채굴되기 시작하면서 그 가치는 무한정으로 치솟았죠. 오죽하면 1545년 포토시에서 은광이 발견되고 신대륙 최대의 도시로 변모하자, 에스파냐 합스부르크 왕조의 시조이자 신성 로마 제국 황제인 카를로스 1세가 감격에 겨워 이를 '제국의 도시'라고 불렀을까요.

에스파냐는 1560년경부터 정복자들 대신 직접 식민지 경영에 나서, 본국의 정치 종교 장원제도를 모방해 옮겨놓은 중앙집권적 식민 정책을 실행하기 시작합니다. 19세기 초까지 3백여 년간 이어질 중남 아메리카의 식민지 시대가 시작된 거예요. 에스파냐는 아메리카를 4개의 부왕령, 즉 누에바 에스파냐, 누에바 그라나다, 페루, 리오데라플라타로 나누어 부왕을 임명한 다음, 에스파냐 국왕을 대신해 통치하게 했습니다.

에스파냐령 아메리카의 귀금속은 16~17세기 세계 은의 80%를 차지하고 있었습니다. 1503~1660년 에스파냐로 흘러 들어온 1천6백만 킬로그램의 은은 나머지 유럽이 보유한 은의 총량보다 무려 3배나 많은 양. 이 같은 행운의 보고 덕분에 유럽인은 당대 매력 넘치던 아시아 물품을 마음껏 사들일 수 있었고요. 유럽을 기반으로 한 세계적 통화 시스템의 발전을 의도했던 것은 아니지만, 결과적으로는 그 밑거름이 되었지요.

당시 에스파냐 왕위를 이어가던 합스부르크 가문은 유럽

전쟁 비용을 충당하기 위해 끌어다 쓴 막대한 대부금의 담보로 신세계의 귀금속 중 20%를 지불합니다. 에스파냐는 엄격한 상업 독점을 유지하기 위해 각고의 노력을 기울였지만, 신대륙이나 동방을 향한 유럽 왕조의 경쟁은 더욱 격화되었고 결국 선진적인 금융 시스템과 해군력을 장착한 네덜란드나 영국에 제해권을 넘겨주며 제국의 자리에서 물러나게 됩니다. 이 모든 역사의 흐름 속에서 원래 은의 주인이었던 아메리카인들이 소외된 건 물론이었죠.

1580~1650년 안데스에서 은의 최대 매장지였던 포토시 광산. 이곳에서는 연간 760만 페소에 상당하는 지금(地金)을 생산했습니다. 페루 부왕령, 현 볼리비아의 국경지대에 있었는데, 남아메리카 전체를 통틀어 에스파냐의 가장 중요한 수입원이었죠. 에스파냐 정복 이전 잉카인들은 신민인 미타요(미숙련 노동자)를 광산에 보내 공물 할당량을 채우게 함으로써 광맥 다수를 개발했습니다. 미타요가 표층의 광석을 채취하고 이를 제련업자에게 넘기면, 숙련 노동자들은 라마 배설물을 연료로 쓰는 용광로를 사용해 제련했대요.

문제는 에스파냐의 과도한 요구로 표층의 은이 고갈되자 땅을 깊이 파고 들어가야 했고 제련도 저질 광석을 제련하는 수은을 사용해야 했다는 겁니다. 결국 포토시 가까운 구역의 아이유(안데스 지방의 전통적 종족 공동체)는 대략 성인 남성의 15%를 4달 동안 광산에 파견해야 했는데요, 그렇게 파견된 미타요는 에스파냐인들의 논리에 수긍해야 했습니다. 자신들은 너무 무지해서 정직한 노동의 혜택이 얼마나 큰지 알지 못하니 그들이 정한 대로 이행되는 게 정당하다는 거죠. 이전 잉카 시절과 달리 '봉급'까지 받게 되었으니까요.

하지만 이들 대부분은 광산 작업에 필요한 채굴 도구와 양초, 고된 노동을 견디기 위한 코카 나뭇잎에 초과 배급 식량을 사느라 빚더미에 올랐습니다. 양모 담요에 싼 갱차를 자기 가슴에 묶고 원석을 실어 날라야 했는데요. 탄갱의 열기 속에서 일하다 해발 1만 3천 피트 높이 포토시의 쌀쌀한 공기 속으로 나오니 자주 폐렴에 걸렸고, 규폐증에 수은 중독으로 목숨을 잃곤 했지만, 노예는 아니었으니 이전보다 더 정당한 시스템이라 하던 에스파냐인의 주장에 따를 수밖에 없었다고 해요.

결국 은은 모두 에스파냐인의 것이 되었고 원주민의 수는 격감합니다. 은금을 찾아 한탕을 위해 넘어온 유럽인과 노예로 실려 온 아프리카인이 원주민 자리를 대신하며 중남 아메리카의 인구 구성은 변화했고요. 유럽인, 원주민, 아프리카인들의 사이 혼혈로 메스티소, 물라토, 삼보 같은 지구상에 전에 없던 새로운 인종이 만들어진 배경이라죠.

에스파냐로 들어온 은은 유럽의 물가를 폭등시키면서, 중국산 도자기나 비단 수입에 사용되며 명, 청을 향해 이동했습니다. 에스파냐는 그렇게 빨아들인 아메리카의 부를 국가 산업을 위해 건전하게 쓰지 못했어요. 오히려 배타적인 종교 정책에 의한 탄압과 전쟁 자금으로 쓰였고, 그 결과 부유한 유대인이나 신교도가 종교의 자유를 찾아 탈출해 네덜란드로 이주하기도 했죠. 에스파냐는 무적함대의 패배, 네덜란드 공화국의 부상, 30년 전쟁의 패전에 에스파냐 왕위 계승 전쟁까지 겪으며 쇠퇴의 길을 걷게 됩니다.

앞에서 이야기 나눈 로마, 미국, 영국 그리고 네덜란드까지, 성공한 제국은 대체로 개방적이고 관용적이라는 공통점이 있었습니다. 피지배자에게 자율성을 부여하고 심지어 스스로 제국의 발전을 위해 헌신하도록 만들기도 했었고요. 특히 식민 지배를 위해 폭력이나 강제성도 사용하지만, 그와 함께 교묘하게 피지배자들의 마음을 사로잡아 이들을 제국 신민으로 동화시킨 뒤 진심 어린 지지를 끌어냈지요. 그것이 제국을 유지한 힘으로 작용했음은 물론입니다.

반면 실패한 제국은 폐쇄적, 배타적인 데다 착취적이기도 한데, 에스파냐는 그런 성격을 다분히 가진 대표적인 제국입니다. 식민지에서뿐 아니라 본국에서도 말이죠. 제국의 밑바닥에서 제국의 건설을 위해 자원을 추출 당하면서도 자기 노동과 자원에서 소외되었던 아메리카 원주민, 그리고 그것을 제대로 사용하지 못해 결국엔 권좌에서 내려온 에스파냐. 영토 확장에 기반한 근대적 식민지는 사라졌다고 여겨지는 현재, 플랫폼 제국 아래에서 천연자원 데이터를 어떻게 대해야 하는지, 적어도 피해야 할 구렁텅이는 보이지 않나요?

현재 수집되고 있는 거대한 정보, 빅데이터를 프로세싱하는 시스템 그 꼭대기는 누구를 향해 있을까요? 그들이 얼마나 이익을 얻고 있는지 과연 시스템의 하부인 우리는 알 수 있을까요? 코카잎을 씹으며 빚더미에 앉아도 노예는 아니니 나은 거라 했던 미타요가, 자신의 수명과 바꾼 광석이 대서양을 건너 그 시스템 꼭대기인 유럽 금융에 어떤 역할을 하고 있는지 상상도 할 수 없던 17세기가 그려집니다. 역사의 쓸모라고 할 수 있습니다.

데이터를 대하는 우리의 자세는 어떠해야 할까요?

에스파냐가 그런 역사가 있었군요. 아메리카 원주민의 삶도 그렇고요. 어처구니없이 빼앗기고, 그 빼앗긴 게 어떻게 쓰이는 줄도 몰랐으니까요. 그렇다면 우리도 플랫폼 제국에 데이터를 제공하지 않으면 어떨까요? 그럴 수 없다면 우리가 생성하는 데이터에서 소외되지 않으려면 어떤 자세를 가져야 할까요?

사실 이제 플랫폼은 비판적 거리를 두고 대하기가 어렵습니다. 비판적 거리는커녕 제 몸인 양 그 안에서 일상을 보내곤 합니다. 모바일 기기를 통해 플랫폼을 연결하고, 그 안을 순회하며 엄청난 열정과 인지를 쏟곤 하는데, 그걸 그냥 가벼운 접속이라고 여기면서요.

때로는 '무료' 제품에 쉽게 현혹되거나 플랫폼을 이용해 정보를 얻는 대가로 자신의 데이터를 기꺼이 포기하는 경향도 있습니다. 우리의 자료와 사생활이 악용되고 침해당할 위험을 기꺼이 감수하겠다는 의사 표시를 한 셈이기도 한데요. 정보 상당수를 플랫폼이라는 데이터 정제소에 자발적으로 제공하면서도, 순진하게 그 제국이 정보를 보호해주고 또 올바르게 사용할 거라 믿고 있어서인 것도 같아요. 심지어 정보가 무사하길 기대까지 하면서요. 이때 반드시 생각해봐야 할 금언이 있습니다. "무언가를 공짜로 쓰고 있다면 상품은 바로 당신이라는 뜻이다".

그렇다면 데이터를 제국에 상납하지 않으면 이 문제는 해결될까요? 물론 본인에 관한 데이터를 생성, 공유하는 사람이 자신뿐이라면 문제될 만한 정보를 아예 공개하지 않는 길을 택할 수도 있어요. 하지만 우리는 그런 세상에 살고 있지 않습니다. 아무도 없는 무인도에 가서 모든 인간관계를 끊고 문자 그대로 "나 혼자 산다"라고 하지 않는 이상, 개인 데이터의 상당 부분이 본인의 통제를 벗어나 있는 그런 세상에 살고 있지요.

게다가 소셜 데이터가 매일 수십, 수백억 개씩 추가로 생산된다는 걸 알고 나면 왜 우리 한 명의 미가공 데이터가 별 가치가 없는지 이해되실 거예요. 유용한 상관관계와 패턴은 수백만 명의 데이터를 집계하고 분석한 뒤에야 비로소 그 모습이 매끄럽게 드러납니다. 그래서 한 사람이 데이터를 제공하지 않기로 한들, 데이터 정제소는 나머지 데이터로부터 동일한 결론에 도달할 겁니다. 개인은 데이터 제공을 거부하면 서비스를 이용할 수 없겠지만, 데이터 정제소는 10억 명 중 1명의 정보를 얻지 못할 뿐이니까 별 타격을 안 받을 거고요.

그런 식의 저항보다는 좀 더 근본적인 사고의 변화부터, 어린 시절 교육부터 필요하지 않을까 합니다. 데이터라는 천연자원으로부터 우리가 소외되는 일이 없도록, 눈앞에 제시된 걸 비판 없이 수용하는 수동적인 '소비자'의 사고방식에서 벗어나는 겁니다. 자신이 적극적으로 데이터를 만드는 '공동생산자'라는 새로운 사고방식에 익숙해지면서요. '데이터 리터러시', 즉 데이터의 작동 방식과 불확실성을 인지하고 소셜 데이터 공유에 따른 파급효과를 인식하는 기술 학습이 필요한 까닭입니다.

데이터가 우리 모두를 위한 것이 되어야 한다고 요구하는 일 역시 중요합니다. 미가공 데이터에 대해 언제, 어떻게, 왜 데이터를 공유해야 하는지, 수집된 데이터는 어디에 사용되는지, 그리고 그 결과 얻는 것은 무엇인지. 플랫폼과 같은 데이터 정제소에 이런 사항들을 통제할 더욱 강력한 수단을 요구하기도 해야 합니다. 사용자 데이터가 데이터 제품에 기여하는 바가 무엇인지 분명하게 밝히라는 요구도 함께 말입니다.

알고리즘을 사용하고 대량의 데이터를 분류하는 인공지능의 힘은 시간이 갈수록 점점 더 은밀하고 교묘하게 우리의 정보를 상품화할 겁니다. 감정까지도 말이죠. 현재 음모론, 사회 양극화, 극단적인 이데올로기가 번성하고 있는 데에 미디어 기술과 플랫폼이 그 바탕에 있는 것처럼요. 권위주의적 목표를 지닌 민족국가들은 이걸 충분히 이용하고 있고요. 특히 중국이 그런데요.

중국은 빅데이터와 플랫폼, 인공 지능형 도구의 결합이 어떻게 국민을 감시 통제하고 권위주의적 정권을 유지하도록 하는지, 생생하고 충격적으로 보여주는 국가입니다. 미국에 도전하는 대척점에 있으면서 미래 디지털 세계에서 야기될 문제들을 보여주고 있는 중국. 그동안 어떤 시간을 거쳐온 걸까요? 핀테크 분야에서 압도적인 선두를 차지하고 있는 중국의 플랫폼과 그것이 우리의 지갑과는 어떤 관련을 맺고 있는지, 이어서 알아보도록 하겠습니다.

5

진격의 제국, BAT
_한 번도 경험해 보지 못한
나라의 핀테크 (feat. 진 제국)

2024년의 어느 날 중국 선전시의 한 편의점. 음료수를 고른 손님이 계산대로 갑니다. 단말기 위에 결제를 위해 무언가를 올립니다. 현금이나 카드, 아니면 핸드폰일까요? 아닙니다. 단말기에서 5센티미터 정도 떨어진 위에 올린 것은 다름 아닌 손바닥. 약간의 온기와 함께 "결제 완료"라는 음성이 들립니다. 결제까지 걸린 시간은 단 2초. 단말기의 카메라가 손바닥 주름 모양과 정맥을 인식하고, 연동된 결제 앱의 돈을 차감하는 방식입니다. 손바닥 결제 시스템. 중국 텐센트가 개발한 '팜 페이먼트'입니다.

원래 손바닥 결제는 미국 아마존이 2020년부터 먼저 선보였다고 합니다. 아마존이 운영하는 오프라인 유기농 식품매장 홀푸드마켓과 아마존 고, 스타벅스 등에 보급해 왔죠. 아마존 원 앱을 이용하면 누구나 서비스에 가입할 수 있습니다. 그런데 2023년 5월 텐센트가 기술 도시 선전을 중심으로 슈퍼마켓, 지하철 등에 도입하며 도전장을 내민 겁니다. 세계 진출까지 선언한 상태인데요. 인도네시아 최대 통신사 텔콤셀과 협력하여 시범 운영 단계를 성공적으로 마쳤다고 합니다. 알리바바의 알리페이 역시 손바닥 인증 관련 특허를 출원한 상태라고 하고요.

지문, 홍채, 얼굴로 이어져 온 생체 인식 결제의 흐름이 손바닥으로 이어진 건 다름 아닌 높은 정확도 때문이라고 합니다. 지문은 닳으면 인식하기 어렵고, 쌍둥이 얼굴은 구별을 못 하지만, 손바닥은 반창고를 붙여도 인식이 가능하다고 해요. 동의 없이도 이뤄질 수 있는 안면인식과 달리 손을 뻗어야만 하는 '의사 표현'이 필수고요. 스마트폰을 꺼내지 않아도 되니 결제에 필요한 10초 정도를 단축할 수 있다죠. 손바닥 인식 방식이 결제 수단을 넘어 오프라인에서 신분을 확인하는 인증 분야로 확대 가능하다 예상하는 이유입니다.

세계 생체 인식 시장 규모가 2026년 30억 명을 돌파할 전망이 발표된 가운데 손바닥을 둘러싼 미국과 중국의 경쟁이 본격화되고 있는데요. 손바닥 결제의 선두 주자인 아마존은 미국이 연대하는 유럽 등에 침투할 수 있다는 장점을 가지고 있습니다. 텐센트는 위챗페이가 보유한 13억 사용자를 통해 서비스 확산이 빠르다는 점에서 유리하죠.

그런데요. 중국과 미국의 경쟁이 과연 손바닥만 둘러싸고 벌어지고 있을까요? 제2차 세계대전 이후 줄곧 막대한 국제적 영향력을 행사해 오고 있는 초강대국 미국과 빠른 경제성장을 바탕으로 세력을 키워가는 중국. 이 두 나라는 글로벌 패권을 두고 정치, 군사, 외교, 경제, 문화 그리고 과학기술 등 여러 면에서 대립 중입니다. 이 양상이 특히 노골화된 것은 2018년 미·중 무역 전쟁과 이듬해 홍콩 민주화 운동, 양안 관계—중국 본토와 타이완의 관계— 악화, 거기에 코로나19 팬데믹까지 겹치면서입니다.

현재까지는 경제 규모를 비롯한 거의 모든 지표에서 미국이 우위를 점하고 있지만, 시진핑의 장기 집권으로 내부 권력투쟁이 안정된 중국이 어떻게 국제 무대에서 권력을 확대해나갈지 추세가 주목되는 거죠. '일대일로' 프로젝트의 성과가 궁금해지는 이유입니다. 게다가 차이나머니로 게임시장이나 영화판에서 중국의 영향력이 점차 증대하는 가운데, 데이터와 핀테크를 둘러싼 디지털 플랫폼의 경쟁 역시 치열하게 전개되고 있으니까요.

디지털 세계에서 미국에 대한 중국의 도전은 언제부터 시작되었고, 어떤 분야에서 얼마나 치열하게 전개되고 있는 걸까요? 그 사이에서 우리가 나아가야 할 길은 어디일까요? 디지털 산업에 대한 중국의 접근법과 그것이 중국인과 세계에 가져오고, 혹 가져올 변화를 보면서 우리의 소박한 지갑의 정체성을 지킬 방법을 고민해보도록 할까요?

중국이 정보통신 기술에 집중한 계기는 무엇인가요?

생각해보니 언제부터인가 미국과 중국이 서로 부딪히고, 우리는 그 틈에 껴 어느 편에 서야 하나 고민하면서 국민 의견 역시 나뉜 거 같아요. 중국은 진짜 언제부터 정보통신 기술에 집중하기 시작했나요? 중국이라고 하면 공산당이 통치하는 낙후된 농촌이 대부분인 사회주의 국가라는 이미지가 강했는데 말이에요. 중국 농촌도 정보화 디지털화의 혜택을 받고 있나요?

맞습니다. 중국은 본래 세계 최대 농업 국가였다고 해도 과언이 아니죠. 농업이 GDP에서 차지하는 비중은 얼마 안 되지만 인구 50% 이상인 7억 명이 농촌에 살고 있었으니까요. 중국 경제가 성장하면서 가려진 문제 중 하나가 농촌, 농민, 농업 이른바 3농 문제인데요. 중국 과제 중 하나인 불평등, 불균형의 모습을 보여주기 때문이지요.

사실 3농 문제는 중국 정부의 오랜 과제입니다. 1950년대 말~60년대 초 농촌 공업화를 통해 경제 부흥을 일으키려던 대약진 운동은 치명적인 기근을 불러온 끝에 2천~4천만 명이 굶어 죽거나 기아로 고통받는 처참한 실패로 끝났습니다. 1980년대~90년대 향진 기업의 성장을 통해 일자리를 창출하고 공업화를 추진하고자 했지만, 그 또한 괄목할 만한 소득이 없었고요.

도시화는 많은 중국인과 기업에 풍요를 안겨주었지만, 농촌은 그런 혜택을 누리지 못해왔어요. 무려 60만 개 정도의 촌으로 이루어진 방대한 지역이 말이죠. 도시 주민과 농촌의 수입 격차가 2.7배에 달한다고 하니, 매년 1천만 명 이상의 농촌 인구가 도시로 이동하는 이유입니다. 일자리를 찾기 위해 도시로 이주한 농민공의 수는 계속 늘어 2024년 3억 명에 육박한다고 합니다. 임금 수준도 그리 높지 않은데 말입니다.

'빈곤 탈출, 샤오캉(모든 민족이 풍족한 생활을 누리는 것) 사회, 현대화 강국'. 중국이 입에 달고 사는 이 세 목표를 이루려면 농촌 진흥은 반드시 이룩해야 할 과제입니다. 농촌의 발전 없이는 현대화 역시 불가능하다고 보는 거죠. 어떻게 하면 농민을 부유하게 할까. 농민이 도시로 이주하지 않고도 농촌에서 부유하게 살 방법은 없을까. 한국과 마찬가지로 중국 역시 고민해 왔지만, 쉬운 문제가 아니었던 겁니다.

그런 중국이 현재, 모든 전자 기기에 인터넷을 더한다는 일명 '인터넷 플러스' 전략을 통해 새로운 형태의 농촌 기업을 세우는 방식을 도입하고 있다고 합니다. 기업들이 나서서 농촌 경제를 활성화하고 일자리를 창출하는 건데요. 농촌과 전자상거래를 접목하며 농촌 시장에 뛰어든 알리바바가 그 대표 기업입니다.

알리바바가 운영하는 오픈마켓인 타오바오에 촌(村) 자를 붙여 만들어진 '타오바오춘'. 타오바오 마을이라고도 하는, 도시와 농촌을 이어주는 전자상거래 플랫폼입니다. 농촌의 특색 있는 상품을 도시 소비자에게 판매할 수 있는 온라인 시장인데요. 2023년 기준으로 판매액 총액이 약 1조 위안에 달한다니, 2018년 2천2백억 위안에 비해 엄청나게 증가한 액수죠. 농촌 지역 생산자가 도시 소비자에게 직접 상품을 판매해 경제력을 갖추는, 새로운 경제 모델이 만들어지고 있는 셈입니다. 농촌 전자상거래, 물류의 발전, 스마트폰 보급률의 확산이 중국 농민을 변화의 물결에 합류케 하고 있습니다.

더불어 도시 사람들 역시 더 신선하고 품질이 좋은 농산물을 공급받을 수 있게 되었습니다. 현재 중국인이 가장 고민하는 문제, 즉 안전한 상품, 친환경, 깨끗한 먹거리 등이 함께 해결될 길이 열렸다는 뜻이지요. 거대 기술기업이 중국 농촌의 성장 터전을 만들고 도시 사람의 고민을 해결하는 실마리를 제공했다는 점에서 알리바바의 역할은 지대하다고 할 수 있습니다.

사실 기술기업과 연관된 중국 인터넷 산업에는 경제적인 동기보다는 정치적 동기가 먼저 개입했어요. 중국은 알다시피 공산당 일당 체제잖아요. 다른 당은 거의 이름만 있는 수준이죠. 그런데 인터넷이 상용화되고 통신이 급격하게 발달하면서 상황이 달라지기 시작했습니다. 공산당 독재 체제에 불만을 가진 이들이 중앙 정부가 통제하기 어려운 인터넷을 통해 반기를 든 겁니다. 1998년 민주당이 정보통신 기술로 대중 지지도를 올리고 인터넷을 이용해 창립 운동을 벌이자, 위협을 느낀 공산당 수뇌부는 정보의 대중화를 막아야 한다고 결론 내렸죠. 통칭 '황금 방패'로 불리는 인터넷 검열을 시작한 배경입니다.

중국인들의 인터넷 접근 통제가 주된 내용인데요. 북한처럼 아예 정보 기기에 대한 접근이 어렵거나 인트라넷만 쓰는 게 아닌 한, 감시 인력만으로 인터넷 접근을 하나하나 통제하는 건 불가능하다죠. 그래서 자체적으로 인터넷 정보를 자동으로 검열해 차단하도록 하는 거대한 처리 시스템을 만들게 됩니다. 이것이 만리장성에 비유되는 일명 '만리방화벽' 시스템입니다.

만리방화벽은 '특정 IP에 대한 접근 차단'과 '검색어나 도메인 등에서 특정 키워드 차단'으로 요약됩니다. 예를 들어 중국 인터넷에서 '천안문'을 입력하면 랜드마크 천안문은 검색 결과가 나오거든요. 그런데 1989년 천안문 광장에서 전개된 반정부 시위를 중국 공산당이 유혈 진압한 사건인 '천안문 사태' 및 관련어는 검색이 안 됩니다. 정치적이거나 민감한 문제 때문이라고 알림이 뜨기도 하고요. 인권, 소수 민족 독립, 민주주의, 정치 시위 같은 내용은 마찬가지로 중국 인터넷에서는 검색되지 않습니다.

구글이나 유튜브, 페이스북, 트위터, 인스타그램, 위키백과 등 외부 인터넷 도구나 모바일 앱 중에 차단되는 것들도 상당수이고요. 우리나라 라인이나 네이버 카페, 블로그도 차단 목록에 들어 있다죠. 정부 기관은 이렇게 앱이나 웹사이트 내용 차단에 더해 개개인의 인터넷 접속도 감시하고 있습니다. 사이버 경찰을 동원해 실시간으로 인터넷을 검열하고 체제 안정에 위협적인 콘텐츠가 발견될 때 즉각 삭제하는 거예요. 만리방화벽으로 포위된 중국 시민들은 자국 내에서만 기능하는 폐쇄적인 인트라넷을 사용하게 된 셈입니다.

이처럼 삼엄한 사이버 보안 체제에서 공산당에 적극적으로 협조하지 않는 기술기업은 살아남을 수 없었겠지요. 그 속에서 거대한 디지털 제국으로 성장한 기업들이 오늘날 중국의 BAT라 불리는 바이두, 알리바바, 텐센트입니다. 이들이 미국 플랫폼 제국의 침공을 물리칠 수 있었던 데에는 중국 공산당의 비호도 일정 역할을 했다는데요. 한편으로는 BAT 서버에 축적된 빅데이터가 공산당의 감시와 통제에 활용된다고 알려져 있습니다.

바이두와 바이트댄스의 행보에서 배워야 할 교훈은 무엇인가요?

중국이라는 사회주의 국가에서 뭔가 기술기업이 가지는 양면성의 일부를 본 것 같아요. BAT에 대해 알고 나면 다른 특징이 더 잘 이해되겠지요? BAT에서 바이두는 검색 사이트라고 알고 있는데요. 구글이 중국에서 철수한 이후에 오히려 이미지가 악화하고 이제는 바이트댄스가 B 자리를 대표해야 한다는 의견도 있다던데, 어떤 일이 벌어졌던 거죠?

구글은 앞서 말씀드렸던 대로 인터넷 검색 시장에서 세계 점유율 1위를 차지하고 있습니다. 검색엔진 시장 점유율을 확인할 수 있는 사이트 'statcounter.com'에 따르면 2024년 91%가 넘게 압도적인 점유율을 보이는 구글에 비해 2위인 빙은 약 3%의 점유율을 보인다고 합니다. 그런 구글이 약세를 보이는 곳은 중국, 러시아, 한국, 일본 이렇게 네 국가의 검색 시장인데요. 각각 바이두, 얀덱스, 네이버, 야후 재팬 때문이래요.

2010년 1월 구글은 결국 중국 시장 철수를 발표하고 3월 서비스를 완전히 중단하게 됩니다. 중국 해커들이 구글 기반의 이메일 서비스를 사용하는 인권 운동가들의 계정을 해킹했고, 구글의 지적재산권에 심각한 침해가 있었다는 이유에서였습니다. "구글 차이나의 검색 결과에 대한 검열을 더 이상 수용할 수 없다." 구글이 중국에서 철수한 자리를 차지하며 중국 검색 시장을 독점하게 된 바이두. 중국 최대 규모이자 세계에서 가장 큰 중국어 전용 검색 사이트 바로 그들입니다.

한국에서는 중국에서 영향력이나 명성과는 달리 인지도가 낮은 편이라 생소하게 여겨지기도 할 텐데요. '정확한 정보를 위해 백번 천번 끈질기게 검색한다'라는 의미를 가지면서, '어디를 가든 흔적을 남긴다'라는 뜻으로 곰 발바닥을 로고로 쓴다는군요.

바이두의 창업자 리옌훙은 유복한 환경에서 자란 유학파입니다. 베이징대를 졸업한 뒤 미국으로 건너가 컴퓨터 공학을 공부했고, 검색엔진 페이지 순위를 파악할 수 있는 알고리즘을 개발해 특허를 받아 편안한 삶을 보장받은 터였는데요. 거기에 안주하지 않고 중국으로 돌아와 2000년 '간단하고 믿을 수 있는 사이트'라는 취지 아래 바이두를 창립했습니다.

'짝퉁 구글'. 처음 바이두에 붙어 있던 딱지입니다. 당연히 구글 역전은 불가능해 보였죠. 그러던 2002년 중국 공산당이 안보를 이유로 검색 사이트들을 전면 차단했는데, 리옌훙은 이 위기를 기회로 살립니다. 전 직원을 동원해, 정부가 지정한 유해 콘텐츠를 바이두에서 모두 삭제한 겁니다. 사이트 폐쇄 하루 만에 다시 서비스를 재개한 바이두에 비해, 구글은 15일이나 차단되었죠. 사용자들은 정보의 바다로 향하는 유일한 관문 바이두로 몰려들 수밖에 없었고요. 바이두가 구글과 전쟁에서 승기를 잡은 계기였어요.

바이두는 특히 애국심 마케팅을 능수능란하게 활용하는데요. 구글과 바이두의 경쟁을 미국과 중국의 전쟁으로 비유해, 중국인의 민족주의를 자극했습니다. 중국어에 특화된 검색엔진에 현지화된 서비스까지. 자신감이 붙은 리옌훙은 나스닥 상장을 추진했고 결과는 대성공이지요.

그런데요. 구글이 중국 시장에서 철수한 뒤 바이두의 상황을 보면요. 끝없는 발전이 계속될 거 같았던 예상과는 달리, 2016년 성장률이 가파르게 꺾입니다. 중국 검색 시장 독점 이후 검색 광고 장사에 열을 올린 근시안적 사업의 결과였죠. 특히 의료 광고 수입이 매출의 3분의 1을 차지할 정도로 의료 광고를 많이 했는데요. 실적을 위해 영업에만 신경 쓰면서, 신뢰성을 버렸다고 비난이 쏟아질 만큼 환자들이 입은 피해도 막대했다고 해요.

그 대표적 예가 웨이저시 사건입니다. 2016년 희귀질병을 앓던 시안의 대학생 웨이저시가 바이두 검색을 통해 최상단에 추천된 병원을 찾았습니다. 의사는 치료할 수 있다고 했고, 이에 가족은 3천8백만 원이 남는 거액의 치료비를 썼죠. 하지만 결국 사망하고 맙니다. 이어 밝혀진 바로는 미국 스탠퍼드 대학과 개발했다는 그 병원의 치료법은 전부 엉터리였습니다. 이 사건은 중국에 엄청난 파장을 몰고 왔는데요. 공산당과 정권의 비호를 받으며 승승장구했던 바이두가 중국의 부패와 자본 독점의 일면을 드러냈기 때문이에요.

이후 바이두는 음식 배달, 자율주행, 인공지능으로 사업을 확대했고 자율주행 무인 택시 '아폴로'를 개발, 인공지능 챗봇인 '어니봇'을 출시하는 등 일정 부분 성과를 거두었습니다. 하지만 여전히 검색 광고에 대한 의존도가 높은, 구글에 비하면 로컬 검색 광고 회사 수준이 된 상태입니다. 거기에 모바일 환경에 최적화된 사업 기반을 갖춘 알리바바와 텐센트는 급속도로 성장하면서 사업을 공격적으로 다각화하여 바이두를 위협하는 상황이죠. 진정한 바이두의 경쟁자는 구글이 아닌 중국의 다른 거대 기술기업임이 드러난 셈입니다.

바이트댄스는 장이밍이 2012년에 설립한 또 다른 기술기업입니다. 2020년대 들어 바이트댄스가 개발한 '틱톡'이 중국을 넘어 전 세계적으로 인기를 끌고 있잖아요. 틱톡은 짧은 음악, 립싱크, 댄스, 코미디, 탤런트, 챌린지 같은 영상을 제작, 공유할 수 있는 동영상 공유 서비스입니다. 잠시 멈춤이나 클릭, 화면 넘김, 영상 공유 같은 사용자 행동을 분석해 성향을 즉시 파악한 뒤 최적의 숏폼 영상들을 제공합니다. 이런 탁월한 알고리즘 덕분에 틱톡은 페이스북 계열 서비스 이외 앱으로는 최초로 2021년 누적 다운로드 30억 건을 돌파했다죠. 미국, 영국의 경우 유튜브보다 평균 이용 시간이 더 길 정도라고 하니까요.

하지만 틱톡의 성공은 단순히 다운로드 수가 많다는 데 있지 않습니다. 15초짜리 짧은 동영상을 공유하며 사용자의 취향을 제대로 저격할 정도로 중국 기업의 IT 마인드가 '글로벌급'으로 성장했다는 점에 있습니다. 유튜브처럼 전문적인 영상 편집 기술 없이도 동영상 제작이 가능하고, 스마트폰을 가로로 돌리지 않고 세로로 찍어 올리는 간편한 사용자 인터페이스를 구현했고요. 영상이 짧다 보니 언어에 대한 의존도도 낮은 데다 자동 번역 기능까지 더해져 국경을 넘어 빠르게 확산할 수 있었습니다. 이렇게 MZ의 취향을 제대로 파고들어 효과적인 마케팅 수단으로 자리잡았다는 데 틱톡 성공의 의미가 있는 겁니다. 틱톡의 인기를 보고 유튜브와 인스타그램도 각각 '쇼츠'와 '릴스'라는 숏폼 서비스를 출시했다고 할 정도라니. 중국 3대 IT 기업을 상징하는 BAT의 B가 더 이상 바이두가 아닌 바이트댄스라는 말이 나오기도 하는 이유인 거죠.

알리바바의 역사에는 어떤 숨은 이야기가 있나요?

구글을 철수시킨 중국 정부가 외국 기업의 진입을 막고 바이두를 보호해주는 보호막인 것 같았지만, 결과적으로는 바이두를 망가뜨린 거네요. 알리바바는 어떤가요? 이베이, 아마존이 철수한 뒤에 바이두와 같은 길을 걸었을까요? 마윈은 한국에서도 유명하지 않나요?

네, 평범한 영어 강사가 디지털 제국을 건설해 중국 벤처 신화의 전설이 된 게 일반적이지는 않지요. 마윈은 중국뿐 아니라 전 세계에서 가장 영향력 있는 인물 중 하나로 꼽히면서 수많은 명언을 남기기도 했는데요. 그가 알리바바를 설립한 건 1999년 3월입니다. 엄청난 성과를 보면 처음부터 승승장구했을 것 같지만, 사실 기업 간 전자상거래를 지원한 알리바바의 중개사이트는 설립 초기부터 고난의 연속이었다고 합니다. 심지어 2000년 무렵 닷컴 버블 붕괴에 직격탄을 맞아 한때는 부도 위기에 몰린 적도 있고요. 거점 폐쇄나 인원 구조조정 등 경비 삭감을 감행해 간신히 살아남을 수 있었다는군요.

알리바바 역사에서 전환점은 소비자 간 전자상거래 '타오바오' 사업이 출범한 2003년입니다. 당시 전자상거래 시장을 장악하고 있었던 기업은 자본력도 지명도도 훨씬 강한 미국의 이베이. 글로벌사업을 하던 이베이는 해외 상품을 원하는 중국 엘리트 사이에서 유명했고, 이 덕분에 시장 점유율은 80%에 달했습니다. 이베이의 압도적인 상황은 이듬해 알리바바가 결제 서비스 알리페이를 도입하면서 급속도로 변하는데요. 3년 후 이베이의 점유율은 8% 미만까지 떨어졌고, 결국 중국 시장에서 철수를 앞두게 되었대요.

이 둘의 승패는 결제 서비스에서 갈렸습니다. 이베이는 신용카드 결제나 인터넷 뱅킹 결제를 바탕으로 한 선불 방식이라는, 당시 미국·유럽에서 두루 쓰이던 방법을 채택하고 있었죠. 결국 중국에서는 자리매김하지 못하는 방식입니다. 중국은 당시 신용정보가 확실하지 않았고 신용카드를 가진 사람이 적어 결제 성공률이 낮았거든요. 인터넷상의 사진만으로 일정한 수수료를 내고 물건을 사는 신뢰 관계가 구축될 수 없었던 이유지요.

마윈은 이런 인터넷 결제에 관한 중국의 실정을 파악하고, '알리페이'라는 에스크로(제3자 예탁) 서비스를 중국 최초로 도입합니다. 시스템은 간단해요. 구매자가 대금을 알리페이 계좌에 맡기고, 받은 상품에 문제가 없으면 알리페이에 지불 지시를 내립니다. 그러면 대금이 판매자한테 가는 거죠. 이러면 '상품이 도착해도 지불해주지 않는다'는 판매자 측의 불안이나, '지불하고 나서도 상품을 받지 못한다'는 구매자 측 걱정도 불식되니까요.

당시 인터넷 쇼핑 결제 수단은 이베이가 채택했던 인터넷 뱅킹과 신용카드 결제, 혹은 상품을 받고 대금을 내는 착불밖에 없었어요. 금융 서비스 인허가를 받지 않은 민간기업이 결제 서비스를 전개하는 건 전례도, 법률 규정도 없었죠. 문제가 생기면 자신이 감옥에 가겠다던 마윈의 리더십 아래 개발은 급속히 진행되었고, 2004년 12월 항저우에서 드디어 알리페이 결제 서비스가 출시됩니다.

알리바바는 이용자의 불안을 줄이기 위해 '전액 보상'이라는 캠페인을 내걸고 결제의 안전성을 홍보했는데요. 알리페이 결제를 사용했는데 손실이 생기면 전액을 배상하겠다는 거였죠. 이용자의 위험을 모두 알리페이가 떠안겠다는 캠페인에 수수료까지 무료화하자, 중국 소비자들의 지갑은 변화하기 시작합니다. 서서히 그러나 대규모로 알리페이가 스며들게 된 거예요.

알리바바가 이베이의 상대가 되지 않을 거라는 사람들의 조소에 당시 마윈은 이렇게 답했다고 합니다. "이베이는 바다의 상어다. 그러나 알리바바는 양쯔강의 악어다. 알리바바가 바다에서 이베이와 싸운다면 지겠지만 강에서는 이긴다." 리옌훙과 마찬가지로 마윈도 민족주의를 자극했습니다. '이베이가 미국 자본가의 회사라면 알리바바는 중국 서민을 위한 회사'라는 프레임을 내세우며 중국인의 호응을 얻어냈죠. 중국 정부의 암묵적인 지원과 철저한 현지화 서비스 덕분에 알리바바는 결국 중국 전자상거래 시장을 장악했고, 2007년 마침내 이베이를 중국 시장에서 몰아냈어요.

아마존도 마찬가지로 2019년 중국 사업에서 손을 뗍니다. 중국 시장에 진출한 지 15년 만에, 0.6%라는 처참한 시장 점유율을 기록한 뒤에 말입니다. 실패에는 여러 이유가 있지만, 본국의 전략을 그대로 활용한 실수 역시 한몫했을 거예요. 글로벌기업이 흔히 저지르는 잘못인데요. 일례로 중국 업체들이 대대적으로 마케팅하는 '쇼핑 데이'를 아마존은 전략에서 제외한 거예요. 쇼핑 데이 같은 이벤트를 열어 소비자를 유치하고, 브랜드 인지도를 확보하며 벌어지는 중국 업체 간 저가 경쟁은 중국 소비자들이 원하는 방식입니다. 하

지만 아마존은 거기에 참여하려고 하지 않았던 겁니다.

매년 11월 11일은 '독신의 날(광군제)'이라고 불리면서, 알리바바가 실시하는 인터넷 쇼핑 이벤트 '더블 11' 캠페인이 대대적으로 전개되는 날입니다. 반값 할인 등 가격이 대폭 인하된 주요 상품에 소비자가 몰리는 연례행사가 되었죠. 2015년 광군제에 알리페이를 통한 결제 총액은 921억 위안(약 18조 원)이었고, 정점일 때는 초당 8만 5천9백 건이라는 거래량이 처리되었다고 합니다. 2023년에는 무려 1조 2천억 위안(약 232조 원)에 이르고 초당 약 49만 건 거래가 처리되었다고 하니, 거래 처리 능력이 어마어마한 거죠. 이런 뛰어난 처리 성능은 알리바바가 자체 개발한 데이터베이스 '오션 베이스'나 클라우드 '알리윈'에 기반한 시스템이 떠받치고 있는 덕분이라고 해요.

아마존이 떠난 이후에도 알리바바는 굳건하게 전자상거래 부분의 선두를 유지하면서 점차 인공지능뿐 아니라 핀테크, 클라우드, 온라인 헬스케어, 자율주행 OS 등 다양한 분야에서 시장 지배력을 확대하고 있습니다. 적극적으로 데이터를 수집해, 수요자 맞춤형 제품이나 서비스를 제공하는 비즈니스 모델을 수립한 셈인데요. 첨단기술 역량을 결합해 중국인의 생활에 필요한 모든 서비스를 제공함으로써, 사용자들이 모두 알리바바 플랫폼에 의존할 생태계를 구축하는 것이 알리바바의 장기 비전이라고 합니다.

텐센트가 만든 '모든 것의 앱'의 위상은 어느 정도죠?

 # 알리바바의 성공 이야기는 대단하군요. 중국이 직면한 상황을 꿰뚫어 보고 그에 대한 해결책을 내세워 성공적으로 정착시켰다는 점이 굉장히 인상적이에요. 텐센트에도 그런 종류의 서사가 있나요?

텐센트의 창업자 마화텅은 '만만저우'로 불린다고 합니다. 천천히 걷는 사람이라는 뜻처럼, 외부 활동에 적극적인 마윈과는 달리 좀처럼 모습을 드러내지 않는 은둔자형 리더입니다. 공산당 간부의 아들로 선전의 유복한 환경에서 자라면서 어릴 때부터 컴퓨터를 갖고 놀았다죠. 일찍부터 첨단기술을 접하며 인터넷에 매료된 마화텅은 천재 해커로 이름을 날립니다. 대학 졸업 후에는 중국 소프트웨어 회사에 취직해 경력을 쌓았고요.

그러다 1997년 텐센트를 창업하게 되는데요. 이유가 독특합니다. 돈을 많이 벌겠다거나 세상을 바꾸겠다는 사명감, 그런 거창한 게 아니라 단지 인터넷이 정말 좋아서였대요.

컴퓨터 엔지니어링 기술은 천재적이었지만 사업 감각은 미숙했던 청년 마화텅은 먼저 주위를 살핍니다. 모방에서 출발했던 거죠.

PC용 메신저 QICQ를 출시했는데, 이스라엘 개발자들이 만든 메신저인 ICQ를 따라 만든 거였어요. QICQ는 단순한 메신저에서 사이버 아바타로 진화하며 기하급수적으로 성장했죠. 이때 모방한 게 우리나라 싸이월드였고요. QICQ가 표절 시비에 휘말려 막대한 배상금을 물면서 난관에 부딪히자, QQ로 바꾸고 서비스를 전면적으로 개편합니다. 사용자가 직관적으로 사용할 수 있게 된 QQ 메신저는 폭발적인 반응을 얻었습니다. 전화위복이 된 셈이라고나 할까요?

QQ의 성공으로 위기를 돌파한 텐센트가 다음 목표로 삼은 게 게임. 이를 위해 처음 찾은 곳이 우리나라 시장이래요. 2000년대 초 온라인 게임 산업은 한국이 선도하고 있었거든요. 중국에 한국의 우수한 게임을 수입하기 위해서였죠. 이후 '크로스 파이어', '던전 앤 파이터' 같은 한국 온라인 게임들이 엄청난 인기를 끌었고, 텐센트의 게임 사업은 승승장구하게 됩니다.

한편 텐센트의 QQ 메신저를 모태로 2011년 1월에 출시된 앱 하나가 중국인의 생활을 바꿀 준비를 하고 있었습니다. '모든 것의 앱'. 뭔지 아시나요? 맞습니다. 지구 위 약 13억 명이 매일 사용하고 있다는 바로 그 '위챗'입니다. 친구에게 메시지를 보내고 새 인맥을 구축하고 사진과 동영상을 올립니다. 신문 기사를 읽고 게임하고 음식 주문을 하고 공과금을 내고요. 병원 진료 예약에 비자도 신청할 수 있습니다. 의사소통, 쇼핑, 이동, 금융 등 각종 서비스를 제공하는, 중국인의 삶에 없어서는 안 되는 필수 앱. 출시된 해 8월 이후 매일 10만 명 이상의 속도로 불어났고, 등록자 수가 1억 명을 넘어선 때가 2012년 3월. 증가 추세에 가속도가 붙으며 계속된 기능 추가로, SNS 서비스 영역을 넘어 개인별 생활 스타일과 융합된, 그런 놀라운 앱으로 진화했습니다.

그중 2013년 8월 탑재된 위챗페이는 텐센트가 위챗을 통해 제공하는 결제 인프라입니다. 사실 초창기 위챗페이 이용자 수는 그리 많지 않았다죠. 택시나 일부 음식점, 소매 결제 등으로 사용이 한정되어 있었으니까요. 그런 상황을 타개하기 위해 텐센트는 2014년 위챗을 활용한 세뱃돈 이벤트를 개최합니다. 중국에는 음력 설인 춘절에 가족끼리 '홍바오'라는 세뱃돈을 나누는 관습이 있어요. 특히 텐센트의 본사가 있는 광둥성에는 회사의 오너나 임원이 업무를 시작하는 사원에게 붉은 봉투에 넣은 세뱃돈을 나눠주는 관습이 있었고, 텐센트도 예외는 아니었죠.

위챗을 통해 디지털 세뱃돈을 나눠주는 기능을 사내에서

테스트해보다가 외부 친구에게 공유하게 되었는데, 그게 반응이 아주 좋았습니다. '받는 재미'에, 열어봐야 액수를 알 수 있다는 '설렘'에 많은 이들이 공감했던 건데요. 위챗 훙바오가 위챗페이 기능과 연동되고, 채팅을 통해 나눠주는 시스템이 만들어진 이유입니다. 이어 2015년 춘절 국영방송의 인기 프로그램과 연동해 "세뱃돈을 얻자" 행사를 벌여 엄청난 반응을 얻게 되었고요. 위챗페이는 날개를 달기 시작했고, 알리페이처럼 중국인의 지갑에 안전히 안착할 수 있었지요.

2024년 세계에서 위챗페이가 통용되는 국가는 백 개가 넘는다고 합니다. 특히 중국인 관광객이 많이 방문하는 국가들에서 유용하게 사용되고 있대요. 예를 들어 2017년 이후 미국 라스베이거스의 리조트와 카지노에서 중국인 손님은 현금, 카드가 없어도 위챗으로 결제할 수 있다죠. 호텔을 예약하고 커피를 마시고 명품 가방을 사고 콘서트 표를 예매하는 등 모든 걸 위챗페이로 할 수 있습니다. 실제로 중국인은 라스베이거스에서 휴가를 보내는 동안 달러를 만져볼 일이 없다고 하니, 위챗페이를 쓸 수 있는 미국이 중국의 집과 마찬가지인 장소가 된 거예요.

텐센트처럼 초창기 대부분의 중국 인터넷 기업은 미국의 아류라는 오명을 짊어지고 탄생했어요. 하지만 지금은 중국 기업들이 미국 기업보다 혁신적인 서비스를 내놓는 경우가 많다고 합니다. 과거에는 미국 실리콘 밸리의 아이디어를 훔쳤지만, 이제는 미국 기업들이 중국 기업들을 흉내 내기도 한다니 말이죠. 특히 중국 핀테크 산업은 다른 국가를 압도적으로 능가할 만큼 괄목할 만한 발전을 이루었답니다.

중국에서 QR코드 결제가 폭발적으로 증가한 이유는 무엇인가요?

 # 이렇게 살피다 보니 중국 플랫폼 제국의 성립과 혁신에는 모바일 결제가 큰 역할을 한 거 같아요. 중국에서는 거지도 QR 코드로 돈을 받는다는 소리를 들은 것도 같은데요. 왜 유독 중국에서만 QR 코드 결제가 폭발적으로 증가한 걸까요?

실제 중국의 기술 혁신적 발전은 알리바바의 알리페이와 텐센트의 위챗페이가 치열하게 경쟁하는 모바일 결제가 기점인 게 맞습니다. 배경은 스마트폰의 보급과 QR 코드였죠.

애플이 아이폰을 발매한 2007년이 스마트폰 대중화의 원년이라고 할 수 있잖아요. 그 뒤를 좇아 중국에서는 샤오미를 비롯한 스마트폰 회사가 대두합니다. 철저한 비용 절감 덕분에 값싼 기종은 1천 위안(약 19만 원)이면 살 수 있었죠.

젊은 세대를 중심으로 스마트폰이 급속하게 보급된 배경입니다. 2009년 3G 네트워크 시대에 돌입, 그해 말 중국 독자 규격 방식이 전국 70퍼센트 지역에 깔리는데요. 통신 인프라 부문에서 선진국 뒤만 추격하던 중국이 모바일 시대로 단숨에 도약하며 선진국을 추월하게 됩니다. 2010~2015년 스마트폰 평균 가격이 1천8백 위안(약 35만 원)으로 하락하면서, 중소 도시나 농촌 지역에도 보급되었지요.

인터넷 이용자 역시 급격히 확대됩니다. 2018년 8억을 돌파했는데, 개중 90% 이상이 스마트폰 접속 이용자였습니다. 당연히 생활양식도 변했고, 모든 면에 디지털화의 파도가 밀려들게 됩니다. 인터넷 인구의 급증과 스마트폰 보급. 모바일 결제 서비스가 급성장할 토대가 차곡차곡 쌓이고 있었습니다.

모바일 시대가 낳은 기린아 QR 코드도 빼놓을 수 없지요. 영어 '빠른 응답'의 약자. 바코드에 비해 많은 양의 데이터와 정보를 넣을 수 있으면서 작은 형태를 유지할 수 있는 장점이 있습니다. 처음 개발한 나라는 일본인데요. 1994년 자동차 부품을 만드는 회사였던 덴소 웨이브사의 기술자 하시모토 마사히로가 발명했다죠. 자동차 부품을 빠르고 쉽게 추적하고 관리할 방법을 찾다 만들어냈다고 해요. 특허를 취득하고도 개방한 덕분에 누구나 자유롭게 상업적인 이용을 할 수 있게 되었답니다.

중국에 QR 코드가 도입된 해가 2002년, 사용은 지지부진했습니다. 하지만 20여 년이 지난 현재 QR 코드 사용에서만큼은 중국이 최강국이라고 합니다. 세계 QR 코드 사용자의 90%가 중국에 있다고 하니까요. 알리페이, 위챗페이 등 기술 기업의 모바일 결제가 폭발적으로 성장하면서 활용되었고, 그에 따라 급속도로 대중화되었기 때문이에요. QR 코드가 정보화시대 중국에서 '3초 소통 창구'로 자리매김한 이유입니다.

일상의 예를 들어볼까요? 아침 8시 출근을 위해 공유자전거 QR 코드를 스캔해 잠금장치를 풉니다. 8시 30분 QR 코드를 스캔해 위챗페이로 돈을 내고 아침을 사 먹죠. 점심시간, 위챗 모멘트(게시판)에 올라와 있는 상점을 친구로 추가하기 위해 상점 QR 코드를 다운받고, 식당에 가서 음식을 먹을 때도 QR 코드로 주문과 결제를 합니다. 퇴근할 때 알리페이 QR 코드를 스캔해 택시 요금을 내고 집으로 돌아오며 하루는 마감됩니다. 사실 중국 여행자 역시 밖에서 두 번 정도 소비를 하게 되면, 이미 텐센트 또는 알리바바가 만들어놓은 QR 코드 생태계 안에 들어와 있는 셈이래요.

그렇다면 중국에서 QR 코드를 통한 모바일 결제가 폭발적으로 성장할 수 있었던 이유는 뭘까요? 다름이 아니라, 중국이 금융 서비스 후진국이었기 때문이라고 합니다. 한마디로 신용카드 결제나 인터넷 뱅킹이 원활하지 않아서라죠. 의외의 이유죠? 중국 금융은 오랫동안 국유은행이 지배하고 있어요. 대형 국유은행은 대출 금리와 예금금리 이자만으로 막대한 이익을 본다고 할 정도고, 은행 창구의 긴 대기시간이나 융통성 없는 제도 등 서비스 질도 높지 않았습니다. 게다가 은행 지점 수도 턱없이 부족하고 현금자동인출기 배치 역시 불균등했죠. 신용카드 보급률도 매우 낮았고요. 그러다 보니 인터넷 쇼핑 결제가 무척 어려웠대요. 계좌이체를 선택한 소비자는 은행 인터넷 뱅킹의 까다로운 인증 절차에 애먹기 일쑤였고요. 이렇게 선진국에 비해 결제 시스템이 뒤떨어져 있던 중국이었기 때문에, 세계 선두를 달리는 현금 없는 사회, 디지털 경제권을 탄생시킬 수 있었다는 거죠.

이 상황을 '핀테크'와 '테크핀'으로 구분해 설명해볼까요? 핀테크는 파이낸셜 테크놀로지의 약자예요. '기술을 활용한 금융의 혁신'을 뜻하죠. 1950년대 신용카드, 1960년대 ATM, 1970년대 전자주식거래, 1980년대 은행 업무 전산화가 핀테크 사례들이에요. 1990년대 인터넷의 대중화로 특히 발전하는데요. 인터넷을 통한 비대면 금융 서비스 이용은 획기적인 진보였습니다. 스마트폰은 이런 발전을 더 가속했죠. 그 결과 오늘날 소비자들은 인터넷 은행이니 P2P 대출 및 투자, 로

보 어드바이저에 크라우드 펀딩까지 다양한 핀테크 서비스를 이용할 수 있게 된 겁니다.

"미래 금융 산업에는 크게 두 가지 기회가 있다. 하나는 모든 금융 기관들이 온라인화되는 온라인 뱅킹이다. 나머지는 전혀 다른 아웃사이더들이 주도하는 인터넷 금융이다." 2016년 테크핀(테크놀로지와 파이낸스의 합성어)이라는 용어를 처음 쓰며, 기술기업이 금융혁신을 주도할 현상을 예견한 마윈의 놀라운 발언입니다.

이 말에서 핀테크와 테크핀의 차이점을 알 수 있어요. 둘 다 기술을 활용한 금융혁신이라는 점은 같습니다. 차이는 혁신을 이끄는 주체입니다. 핀테크가 전통 금융 기업이 관련 스타트업과 협업하며 금융 서비스를 디지털화하는 것이라면, 테크핀은 인터넷 기업이 디지털 플랫폼을 활용해 금융 서비스를 제공하는 겁니다. 막대한 트래픽(컴퓨터 네트워크를 통한 데이터의 양이나 패킷 수)을 보유한 사업 주체가 잠재 고객을 확보한 상태에서, 자체 기술 및 비금융 데이터를 활용한다는 특징을 가지는데요. 현재 가장 선진화된 테크핀 생태계를 구축하고 있는 국가가 중국입니다.

알리바바의 자회사 앤트파이낸셜은 알리페이를 활용한 결제만이 아니라 자산운용, 보험, 신용 평가 등 다양한 금융 서비스를 제공하는 종합 디지털 금융 플랫폼입니다. 중국 정부의 규제 강화와 관련된 여러 이유로 2020년 추진했던 상장이 연기되면서, 3천억 달러(약 390조 원)에 달하던 기업 가치가 2023년 7백억 달러(약 90조 원)로 하락한 상태지만 여전히 상당한 규모를 자랑하고 있죠. 알리바바 같은 중국 기술기업들은 일상생활과 밀접히 연관된 새로운 금융 서비스를 선보이며 금융 산업의 지형을 근본적으로 바꾸고 있는 거예요.

앤트파이낸셜이 승승장구하는 동안 미국 기술기업들의 금융 사업은 고전을 면치 못했어요. 기존의 금융 인프라가 장벽으로 작용한 건데요. 신용카드 기반이 없는 상태에서 QR 코드로 모바일 페이 시장을 개척한 중국의 기술기업과 달리 미국 기업들은 카드 인프라를 활용해야 했거든요. 카드 발행 금융사 측에서 본다면 전자지갑, 즉 기술기업이 이끈 모바일 결제 덕에 자신은 손가락 하나 까딱하지 않고 디지털 변신을 이룬 셈이지만요. 기술기업이 대출, 자산운용, 보험 등의 사업을 전개하려면 전통 금융 그룹과 협력해야 하고요. 물론 전통 금융 기업들은 순순히 자기 몫을 내줄 생각이 없을 테니, 규제라는 방패를 들어 기술기업의 금융 산업 진출을 필사적으로 막을 겁니다.

모바일 결제는 중국에 어떤 변화를 초래했나요?

 # 핀테크와 테크핀을 구분해서 보니 정말 중국의 모바일 결제 성장 이유가 확 와닿네요. 그럼 이런 모바일 결제가 중국에 가져온 변화나 결과는 무엇일까요? 왠지 초 단위로 대규모의 결제가 이루어지고, 거래할 때마다 엄청난 양의 데이터가 생성될 거 같은데 말이죠.

사실 중국의 변화는 모바일 결제의 폭발적인 보급을 계기로, 중국 사회 전체가 디지털화의 흐름에 합류하면서 맞이한 결과입니다. 타오바오나 위챗 같은 플랫폼 제국이나 첨단기술 기업에 어마어마한 중국 인구의 결제가 막대한 데이터로 축적되고, 그게 인공지능에 의해 해석되고, 그걸 바탕으로 공유경제 같은 새로운 상품 서비스가 생겨나고 있는 거죠.

다시 말해 모바일 결제의 위력은 단순히 모바일로 상품을 주문, 결제할 수 있어서만이 아니라, 이를 통해 쌓여가는 빅데이터에 있습니다. 빅데이터가 전자상거래, 이동 서비스(모빌리티), 온라인에서 오프라인으로 이어지는 서비스(O2O), 미디어 등 다양한 분야에서 맞춤형 서비스를 제공하는 데 활용되면서 기존 산업구조를 뒤흔들고 있기 때문이지요. 특히 중국의 결제 시스템은 QR 코드를 활용한 모바일 결제를 넘어 안면인식 결제로 진화되었는데요. 이런 중국에서 벌어지는 일련의 과정들은 미래 지구에 도래할 모습을 엿볼 수 있다는 점에서 의미가 깊습니다. 단 우려스러운 점들이 많다는 게 유감이지만요.

사실 중국 정부는 자국 내 인터넷 기업들이 사용자에게 제공하는 모든 서비스에 언제든지 개입하고 간섭할 수 있는 권력을 가졌잖아요. 이제 중국은 단순히 인터넷을 검열하는 것을 넘어, 첨단기술을 활용해 강제적으로 시민들을 디지털 감시 사회로 몰아넣고 있는 단계라고도 할 정도인데요. 선진화된 안면인식 AI 기술 활용이 대표적인 예입니다.

2015년 중국 정부는 범죄 예방을 명분으로 '톈왕(천망, 하늘의 그물)' 시스템을 구축했습니다. 14억 인구의 안면을 데이터화하고 이를 식별해내는 인공지능 기술을 이용한 겁니다. 실제 쑤저우시의 모든 감시 데이터는 쑤저우 공안국 빅데이터 센터에 집중되어 있어서요. 안면 식별 후 공안 데이터와 대비해 1초 만에 특정인을 식별해낼 수 있다고 합니다. 그러니 중국 경찰은 범인을 색출하기 위해 여러 대의 보안 카메라를 들여다볼 필요가 없어요. 톈왕에 인물을 등록하면 전국에 깔린 보안 카메라들이 자동으로 식별하고 범인을 찾아주니까요.

이런 중국의 '천하망라' 네트워크의 이름은 노자의 『도덕

경』에 나오는 사자성어 '천라지망'에 기원을 두고 있다고 합니다. '악한 사람을 잡기 위해 하늘에 쳐놓은 그물'을 뜻한다는데요. 문제는 이 시스템이 범죄자 예방이나 식별에만 쓰이는 게 아니라는 거예요. 공산당에 불만을 가진 사람이나 인권 운동가도 톈왕의 감시 대상이 되고 있기 때문입니다.

이뿐 아닙니다. 안면인식을 통한 사회통제의 다양한 기술적 조치는 급속도로 늘고 있어서요. 정저우시에서는 2019년 지하철 전 노선에 안면인식 결제 시스템을 도입했고요. 2019년 12월부터 중국에서 스마트폰 유심카드를 사는 사람은 모두, 신원 확인을 위해 안면인식 스캔 등록을 의무화하고 있습니다. 2020년 3억 대를 넘어선 CCTV 등은 지하철, 공항의 출입, 쓰레기 분리배출 관리, 수업 태도 감시까지도 현실화했습니다.

이런 과정에서 중국의 국가 권력이 개인정보를 수집하고 통제하게 되니, 기술의 발전이 초래할 감시 사회 강화 같은 부작용에 대한 우려가 커지는 거죠. 소설 『1984』나 『멋진 신세계』가 진심 실현되고 말 것인지. 거대한 CCTV 감시망이 중국 전역에 걸쳐 구축되고 있음을 보여주면서, 안면인식 기술을 활용해 인권을 탄압하고 있다는 비판이 나오는 대목입니다.

중국의 이런 기술과 지능형 감시 시스템이 세계 각국으로 빠르게 수출되고 있다는 사실 역시 주목할 필요가 있어요. 중국은 일대일로 참여국에 대규모 투자를 하면서 이를 함께 이식하고 있거든요. 화웨이, ZTE, 하이크비전 등 중국 기업의 감시 시스템이 전 세계로 수출되는데 그중 절반 이상이 일대일로 프로젝트에 포함된 국가였대요. 전체 매출의 약 30%가 해외에서 발생하는 하이크비전의 경우 일대일로 국가뿐 아니라, 우수한 기술력과 가격경쟁력을 앞세워 미국, 유럽 등 선진국에도 진출했다고 해요.

모바일 결제로 쌓인 빅데이터에 기반한 중국 내 사회 신용 시스템도 그렇습니다. 중국 정부는 시민들의 재무적 정보만이 아니라 비재무적 정보도 수집해 신용 등급을 부여하는 사회 신용 시스템을 구축했어요. 알리바바의 '세서미 크레딧'이 대표적인 예인데요. 이를 통해 낮은 신용 등급을 받은 사람은 금융 서비스가 제한되고 여행이 금지되는 등 온갖 불이익을 받습니다. 반면 높은 신용 등급을 받은 사람에게는 다양한 사회경제적 혜택이 제공되는데요. 문제는 이런 신용 등급이 '정부에 얼마나 충성하는지'에 따라 결정된다는 겁니다.

인터넷에 정부를 비판하는 게시물을 올리는 사람은 신용도가 깎입니다. 심지어 반체제적인 성향을 지닌 사람과 친분을 유지하는 사람도 불이익을 받고요. 정부 정책을 옹호하는 게시물을 올린 사람은 높은 신용 등급을 받으며 혜택을 누립니다. 당연히 중국인은 정부에 불만을 느껴도 신용 등급 하락이 두려워 이를 표출하지 않게 되겠죠. 오히려 정부를 지지하는 게시물만 올리며 자신을 열렬한 공산당 지지자로 포장할 거고요. 높은 신용 등급을 얻기 위해서 말이죠. 중국의 빅데이터에 기반한 첨단기술은 표현의 자유를 금지할 뿐 아니라, 나아가 정부에 유리한 방향으로 시민들의 표현을 강제하는 상황이라는 거예요.

중국 같은 사회주의 국가의 상황을 보며 우리는 그렇지 않은 데 안도감을 느끼시나요? 그런데 생각해보세요. 우리도 사실 프라이버시를 포기한 대가로 디지털 제국이 제공하는 맞춤형 서비스를 편리하게 이용하고 있거든요. 유튜브와 넷플릭스는 취향에 맞는 동영상을 추천해주고, 쿠팡은 구매 패턴을 분석해 상품을 추천해줍니다. 페이스북은 내 관심사와 연관된 콘텐츠와 지인들을 추천해주죠. 사생활을 지키기 위해서는 이 모든 맞춤형 서비스가 주는 편의성을 일정 부분 포기해야 하는데요. 맞춤형 서비스에 길이 든 우리가 과연 프라이버시를 지키기 위해 불편함을 감수하려 들까요? 사생활 보호와 정보 적합성 간의 긴장은 대개 정보 적합성의 승리가 예상되는 가운데 계속되고 있지요.

금융에서도 마찬가지입니다. 이런 상황을 한번 상상해볼까요? 프라이버시를 지키려는 사람에게는 평범한 수준의 금융 서비스가 제공되는 반면, 적극적으로 디지털 제국에 데이터를 제공한 사람에게는 더 낮은 대출 금리, 더 높은 기대 수익률을 제시하는 투자 상품과 같은 맞춤형 금융 서비스가 제공됩니다. 더 많은 경제적 혜택을 누리기 위해서라면, 중국인들처럼 기꺼이 프라이버시를 포기하려 들지 않겠어요? 중국 정부는 디지털 제국이 제공하는 금융 서비스를 통해 국민의 일거수일투족을 통제하지만, 정작 중국인은 프라이버시를 반납한 대가로 제공받는 수준 높은 맞춤형 금융 서비스에 만족하고 있거든요.

우리도 중국인과 마찬가지일 수 있다는 거죠. 그런 상황이니 지갑 중 현금만을 쓰는 지갑은 자연스럽게 디지털 제국들이 하루빨리 사라져주길 바라는 지갑이 되어버렸습니다. 현금은 자기 자신만이 선호도와 구매 이력을 알 수 있고 어떤 흔적도 남기지 않는, 다른 도구 예컨대 스마트폰, 인터넷 와이파이, 전기 충전, 결제 앱, QR 코드 등이 필요하지 않은, 그 자신만이 필요한 결제 수단이잖아요. 디지털 제국이 결코 들여다볼 수 없는 난공불락의, 아주 사적인, 디지털 제국이 편익이라는 꿀로 하루빨리 자기 생태계로 끌어들이길 원하는, 그런 지갑인 거죠. 현금 없는 사회로 갈 것을 외치며, 그 장점을 주야로 피력하는 주된 세력이 핀테크, 디지털 제국인 이유입니다.

제국으로서의 진나라 정책은 어떠했나요?

생활의 편리를 위해 쓰이기 시작한 모바일 결제가 빅데이터 축적의 계기가 되고, 그게 인공지능을 통해 사회와 국민을 감시하고 통제하는 무기로 바뀐다니 정말 무섭네요. 현금을 없애려고 하는 속내도 놀랍고요. 그런 여러 모습에서 아시아 최초의 제국이라고 할 수 있는 중국 진나라가 떠오르기도 하는데요. 비슷한 점이 있지 않나요?

네, 맞습니다. 중국의 영어 명칭 China의 기원이 된 제국이 진나라죠. 15년밖에 유지되지 못했음에도, 한 제국과 함께 중국 문화의 원조이자 뿌리가 된 시대라고 할 수 있는데요. 중국이 그 넓은 영역의 통치 형태를 통일 왕조로 지향하게 된 것이 진이 남긴 가장 큰 역사적 의의입니다. 무려 550여 년 동안 계속된 분열기 춘추전국시대를 통일한 중국 최초의 통일왕조이기 때문입니다. 진이 없었다면 중국은 어쩌면 유럽과 같이 분열된 국가들의 병립을 당연시했을지도 모릅니다.

진은 이전 왕조 주와 마찬가지로 중원의 서쪽 변방에서 힘을 길렀습니다. 중원에 자리 잡은 나라들이 수없이 많은 잠재적 위협에 노출되어 있던 데 비해, 진은 강한 이웃과의 경쟁을 피하며 좀 더 안정되게 국력을 키울 수 있었습니다. 비교적 '낙후되어' 있었다는 점은 다른 측면에서도 긍정적으로 작용했는데요. 진 조정은 맞서 싸워야 할 부유하고 견고한 귀족층이 없었기 때문에 경쟁국보다 훨씬 더 빨리 중앙집권을 이룩할 수 있었던 거예요. 마치 전통금융업이 발달한 서구 사회가 테크핀으로 가기 위해 넘어야 할 장벽이 두터운 데 비해, 금융업이 낙후된 환경이 알리바바나 텐센트가 폭발적으로 성장할 수 있는 배경이 된 것과 마찬가지라고나 할까요?

진의 국력이 본격적으로 성장하기 시작한 것은 기원전 361년 법가 사상가 상앙이 진의 수도에 도착하면서부터라고 할 수 있습니다. 상앙은 위에서 도망쳐 나온 젊은 귀족. 주도면밀하고 야심만만한 정치가였던 그는 얼마 지나지 않아 진왕의 마음을 사로잡았고, 왕권 강화와 중앙집권 확립을 위해 일련의 개혁을 단행합니다. 세습적인 봉건적 특권을 폐지하고, 전쟁에서 세운 공이나 국가 조직, 업무 성과에 따라 서열과 지위를 정했고요.

엄격한 법 조항을 새긴 돌도 나라 곳곳에 세웁니다. 위법 행위에 대한 처벌 조항 중에는 코나 발을 베고, 끓는 물이 가득한 큰솥에 넣어 죽이고, 몸을 반으로 자르고, 산 채로 땅에 묻고, 사지를 마차로 묶어 달리게 해서 찢어 죽이는 등 무시무시한 형벌도 포함되어 있었죠. 법가 사상가들은 이와 같은 엄혹한 형벌이 법질서를 유지하는 데 꼭 필요하다고 생각했으니까요.

 기원전 338년, 상앙이 사망할 무렵 진은 전국 시대 전체 영토 및 인구의 약 30%를 차지한, 가장 부유한 나라가 되어 있었습니다. 그리고 120년도 채 걸리지 않아 전국 시대의 통일과 안정이라는 역사적 과업을 이룩하는 데 성공합니다. 이를 성취해낸 위대한 인물이 진나라 왕 정과 또 다른 법가 사상가 이사입니다.

 정은 기원전 246년 불과 열세 살의 어린 나이에 왕위를 계승했고, 승상 이사는 남쪽의 초나라에서 관직 생활을 하다가 정이 권좌에 오를 무렵 진에 왔습니다. 정이 집권한 처음 몇 년 동안 배후의 실력자는 여불위였는데요. 스물두 살의 정이 실권을 잡자, 그로부터 2년 뒤 여불위는 독약을 먹고 스스로 목숨을 끊기에 이릅니다. 진 왕 정과 문무 관료들은 이후 15년 동안 신속하게 대외 정복 사업을 벌였고, 전국 시대 모든 왕조를 무너뜨리는 데 성공하죠.

 기원전 230년 동쪽의 한나라를 차지한 것을 시작으로 221년 위나라까지, 문명 세계라고 불리던 모든 지역을 차지한 진 왕 정. 끝까지 버티던 위나라마저 진의 수중에 떨어지자, 정은 자신의 위상을 더욱 높이기 위해 군주의 칭호를 바꿉니다. 왕보다 높은 자리에 있는 자로서, 중국 전설의 성군들인 '삼황오제'에서 따와 '황제'라고 칭한 거예요. 황제가 다스리는 국가이니 '제국'이고 최초의 황제이니 '시황제'인 거지요. 그로부터 수년 뒤 이사는 황제 다음으로 높은 승상의 자리에 올랐습니다.

승상 이사는 국가 통합을 위해 개혁을 단행합니다. 먼저 피정복국 귀족 가문들은 모두 강제로 이주해야 했는데요. 자신들의 권력 기반으로부터 멀리 떨어진 수도 셴양에서 엄한 감시를 받으며 살아야만 했습니다. 전국 시대 여러 나라 화폐를 반량전으로 통일했고, 도량형도 마찬가지였죠. 마치 현재 현금과 카드 등 다양한 결제 수단이 큐알 코드로 대표되는 디지털 지갑에 의해 소비시장에서 배제되어 가는 것처럼요.

전국 시대 각국은 수 세기 동안 다양한 글자체를 발전시켜 왔는데, 이 역시 진의 전서체로 통일되었고요. 나라마다 달랐던 전차와 수레의 축 길이 역시 규격화되었습니다. 그래서 같은 크기의 전차와 수레라면 제국 전역으로 뻗어 있는 도로 어디든지 운행할 수 있게 되었죠. 교통의 흐름이 원활하도록 6천4백3십7킬로미터가 넘는 도로가 제국 전역에 걸쳐 건설되었습니다. 북방 흉노족을 방어하기 위해, 전국 시대 때 부분적으로 만들어진 성벽들을 수리하고 보강해서 약 6천4백 킬로미터에 이르는 일명 '만리장성'을 건설했는데요. 현재 중국의 디지털 만리장성인 만리방화벽이라는 명칭이 여기에서 기원한 겁니다.

진은 중앙집권적 통치 제도, 군현제로 전국을 통치했습니다. 영토를 36개 행정 구역으로 나누어 군이라 하고 각 군을 다시 현으로 나눈 뒤, 각 군과 현에 관리를 파견해 그 관리가 업무를 조정에 직접 보고하도록 했어요. 그리고 정복한 나라의 전체 인구를 5호나 10호씩 한 조로 편성하고, 각 조가 그 조에 속한 모든 백성의 행위에 연대 책임을 지도록 했습니다. 만약 그 조의 누군가가 범죄를 저질렀는데도 신고하지 않으면, 그 조에 속한 모든 사람이 벌을 받아야 했죠. 이 같은 과정을 거쳐 모든 인구가 진의 법체계 아래로 통합될 수 있었는데요. 디지털 감시 사회를 만들고 있는 중국의 현재와 겹치는 부분이 많이 보이죠?

기원전 212년 진시황제는 자신의 통치를 비판한 유학자 460명을 산 채로 매장하고, 1년 뒤에는 법가와 관련이 없는 서적을 모두 찾아내 불태웁니다. 농서, 의학 등 실용서를 제외한 책, 특히 법가에 비판적인 유가 사상에 관련된 문헌을 말이죠. 그 유명한 '분서갱유'입니다. 통일 정책에 힘입어 중국은 하나로 뭉쳐질 수 있었지만, 부작용 역시 만만치 않았던 걸 짐작할 수 있겠는데요. 백성의 생각까지도 통일하고 싶어 했던 시황제의 마음이 그려진다고나 할까요?

이런 사상 탄압은 명·청대 '문자의 옥'을 넘어 마오쩌둥의 '문화대혁명'으로 이어져, 중국 전통문화나 사상이 자취를 감춰버린 현대 중국을 남겨놓았습니다. 중국이 자신의 전통을 한국에서 찾고 그것이 원래 자신의 것이었다는 주장을 펼치는 이유이기도 합니다. 김치나 한복, 혹은 고구려, 발해 같은 역사 속 실체 등을 말이죠. 디지털적 수단을 사용한다는 점에서만 차이가 있을 뿐 사상 검열, 인권 운동가 등에 대한 탄압 현상을 보면 현재 중국 디지털 제국에서도 역시 역사는 반복되고 있는 게 맞나 봅니다.

20세기 초에 이르기까지 진의 뒤를 이은 모든 중국 왕조가 제도적 전범으로 삼은 중앙집권적 관료제 국가를 창조한 것은 진 왕조의 기념비적인 업적입니다. 진은 만백성이 진시황제의 장수를 기원하면서 외쳤던 "만세! 만세! 만만세!"만큼 지속되지는 못했어요. 기원전 210년 진시황제가 죽자 급속히 붕괴했고, 통일한 지 15년 만에 무너지고 말았으니까요. 그러나 진이 창조한 제국 경영 방식은 인류 역사상 가장 오랜 시간 존속해 오고 있습니다. 심지어 디지털 시대, 스마트 시대로 접어든 이 시대에도 말이지요.

어찌 보면 현재 BAT라는 디지털 제국의 기술을 무기로 중국 공산당은 과거 진 제국이 했던 것과 비슷한 궤적을 따르고 있는지도 모릅니다. 만리장성에 비견될 만한 만리방화벽, 분서갱유를 떠올리는 인터넷 검열과 사회 신용 시스템, 안면 인식 시스템을 통한 국민 통제와 소수 민족의 독립운동, 홍콩 타이완에 대한 폭력적 대응 등을 보면 말이지요. 그러나 진이 15년밖에 가지 못했던 이유를 곰곰이 생각해보면 교훈이 될 점이 있을 텐데요. 과연 중국은 과거 제국들의 역사에서 무엇을 배워오고 있는 걸까요?

중국과 미국이 가장 첨예하게 대립하는 부분은 어디죠?

 # 진나라에 관해 자세히 알고 나니 정말 현재 디지털 세계에 기반한 중국과 비슷한 점이 많아 놀랍네요. 섬뜩하기도 하고요. 그렇다면 이런 중국이 미국과 가장 첨예하게 대립하는 부분을 찾는다면 어떤 게 있을까요?

사실 미국 중국 간 디지털 세계 속 경쟁은 흐름이 있어요. 2000년대 컴퓨터 운영체계에서 2010년대 인터넷 검색으로, 2010년대 후반에는 5G 도입이 창출하는 플랫폼 환경으로 쟁점이 이동했거든요. 비슷한 시기 디지털 경제의 데이터 플랫폼으로서 클라우드가 쟁점으로 부각되더니, 2020년을 넘어서면서 SNS, 전사 상거래, 간편결제 분야의 플랫폼 경쟁이 논란거리가 되었죠. 그만큼 중국 기업들의 성장이 괄목할 만한 게 아닐까요?

미국과 중국의 대립점 중에서 차이를 보여주는 의미 있는 지점은, 데이터에 접근하는 관점이라고 생각해요. 데이터가 인공지능 시대의 생사를 좌우하는 신 석유이니 그럴 테지만요. 예를 들어 '클라우드' 갈등인데요. 디지털 플랫폼 경쟁에서는 인공지능을 활용해 이미 축적된 데이터를 분석하는 게 중요하잖아요. 클라우드는 이런 데이터를 담기 위한 인프라거든요. 중앙 컴퓨터에 데이터를 저장해놓고 언제 어디서나 인터넷에 접속해서 활용하는 서비스죠. 4차 산업혁명의 핵심 성패는 엄청난 양의 데이터를 얼마나 빠르고 정확하게 처리하느냐에 달려 있는데, 이런 프로세싱은 클라우드 컴퓨팅 환경에서만 가능합니다.

미국은 클라우드와 관련해서 데이터의 초국적 유통을 옹호하고 있어요. 반면 중국은 데이터를 일국의 자산으로 이해하고 원칙적으로 데이터의 초국적 이동을 제한하려고 하죠. 일명 '데이터 주권' 개념을 내세워, 중국 국내에서 수집, 생성된 개인정보와 데이터는 원칙적으로 중국 내에서 보관해야 하고요. 해외 반출을 금하면서 자국 기업과 국민 데이터를 보호하겠다고 합니다. 이에 따라 외국 기술기업의 데이터센터 역시 중국 내에 설치하거나 국영기업의 데이터센터를 사용해야 합니다. 그래서 애플은 결국 중국 기업과 제휴해 중국 국내에 데이터센터를 세우는 방법을 채택했고, 아이클라우드 서비스를 위해 구이저우성 내에 거대한 센터를 건설했어요. 중국 내 애플 제품의 이용자 데이터는 순차적으로 미국의 데이터센터에서 중국의 센터로 옮겨가 차곡차곡 쌓이게 되었죠.

여기서 잠깐. 왜 구이저우성일까요? 발전이 더딘 서부 지역에 있는 성인데 말이죠. 이건 중국이 본격 추진하기 시작한 '둥수씨솬'과 관련이 있어요. 중국 동부 지역의 데이터(數)를 서부 지역으로 옮겨와 처리(算)하는 프로젝트인데요. 경제가 발달한 동부 지역에 몰린 컴퓨팅 자원을, 상대적으로 낙후됐지만 자원이 풍부한 서부 지역으로 공급해 균형발전을 이루겠다는 전략의 하나예요. 구이저우성에 애플의 첫 데이터센터가 세워진 게 우연은 아닌 거죠. 사회주의 국가로서 중국이 접근하는 국가 주도적 개발 방식을 볼 수 있는 또 다른 예일 거예요.

한편, 미국과 중국은 근본적인 의미에서 플랫폼의 규범과 가치에 차이를 가지고 있어요. '디지털 실크로드'를 예로 들어보면 이해하기 쉽습니다. 디지털 실크로드는 현대판 실크로드라고 할 수 있는 '일대일로' 구상의 디지털 버전이에요. 디지털 실크로드를 따라 외교적 행보를 벌여 미래 디지털 세계에 중국의 구미에 맞는 국제규범을 전파하려고 합니다. 즉 전 세계에 '디지털 권위주의 모델'을 수출해 비자유주의에 입각한 세계 질서를 구축하려는 겁니다. 예를 들면 이런 식인 거죠.

중국 화웨이의 5G가 세계에 깔리기 시작하면 중국의 표준이 깔리고, 그 위에 그 표준에 맞는 플랫폼들이 접속되겠지요. 그 플랫폼은 중국식 권위주의적 가치를 기반으로 작동하게 됩니다. 즉 플랫폼에 접속된 시민의 거의 모든 정보가 국가로 넘어갈 수 있고요. 국가는 인공지능이라는 첨단기술로 시민을 매우 정교하게 감시 통제할 수 있게 됩니다. 즉, 중국의 플랫폼 독과점은 그곳이 거대한 최첨단 권위주의 국가로 가는 길을 연 것이라고 할 수 있어요. 권위주의 체제를 유지하면서 경제를 발전시키려는 수많은 개발도상국과 체제 전환국이 중국 모델을 채택할 가능성이 높습니다.

그 반대편에는 미국을 중심으로 한 또 다른 거대 블록이 있습니다. 기술이나 안보 강조보다 규범을 강조하는 경향을 가지면서, 인권과 민주주의를 명분으로 동맹 전선을 고도화하려고 하지요. 그걸 통해 국제사회에서 역할과 리더의 지위를 회복하려고 하고요. 개인정보를 보호하고 국가 기반 시설을 수호하기 위해 다른 국가와 협력 역시 표명합니다. 일명 '하이테크 권위주의'에 대응한 '사이버 민주주의 동맹'이라고나 할까요?

2020년대 후반 미국은 중요한 데이터와 네트워크를 수호하기 위해 '클린 네트워크' 구상을 발표했습니다. 이동통신사와 모바일 앱, 클라우드 서버를 넘어서 해저 케이블에 이르기까지 중국의 모든 ICT 제품을 사실상 전면 금지한 조치입니다. 미국 국민의 개인정보 보호 등을 위해 사실상 전 세계 인터넷 비즈니스와 글로벌 통신업계에서 중국 기업을 몰아내겠다는 뜻인데요.

미국은 '클린'이라는 말에 담긴 것처럼 중국을 배제해 고립시키는 프레임을 짜려 하고, 중국은 동조 세력을 규합해 미국 일방주의의 덫에서 벗어나려 하는 거죠. 20세기 후반 구축된 신자유주의적 세계 질서 속 미국 주도의 규범, 가치와 이를 반영한 디지털 플랫폼, 여기에 중국의 규범과 가치가 도전하고 그것이 적용된 권위주의적 디지털 플랫폼. 양국이 벌이는 플랫폼 경쟁에서 어느 측이 이길 것인가 여부는, 그들이 각자 제시한 비전에 얼마나 많은 국가가 동조하느냐에 달린 셈입니다.

미국과 중국의 치열한 디지털 패권 다툼 속에서 다른 국가에 주어진 선택지는 두 가지. 미국의 편에서 글로벌 제국의 일원이 되느냐, 중국과 함께 미국의 지배에 반기를 들고 그 생태계로 편입되느냐. 미국과 중국 사이에서 아슬아슬한 줄다리기를 해야 할 우리나라는 곤란한 입장인 거죠. 사실 자유를 표방하고 있기는 하지만 실상을 들여다보면 자국 디지털 기업의 이익을 위해 움직이고 있는 미국. 반면 사회주의가 가지는 효율성은 높이 평가하지만, 그 뒤에는 권위주의적 정부가 디지털 제국을 통해 국민을 통제할 수 있는 중국. 그 사이에서 말이지요. 우리 지갑을 둘러싼, 가치관이 다른 플랫폼 제국들의 전쟁에서 어떻게 해야 살아남을 수 있을까요?

미국과 중국 디지털 제국의 공통점은 무엇인가요?

정말 우리나라가 양국 사이에서 명분과 실리를 다 얻을 수 있는 지혜로운 선택을 해야 할 텐데요. 그렇다면 미국 중국 양국 사이의 공통점도 있을까요? 그들이 비호하거나 제재하는 디지털 제국이 가지는 공통점 말이에요.

지금까지 디지털 제국이라는 키워드로 찾은 사례에서 얻을 수 있는 교훈은, 결국 그들도 역시 장사하는 상인이라는 겁니다. 미국, 중국뿐 아니라 우리나라의 플랫폼도 포함됩니다. 네이버, 쿠팡, 배달의 민족 역시 말이죠. 디지털 제국이니 플랫폼 제국이니 하더라도 결국엔 상인들이 건설한 제국이 아니겠어요? 경영에, 데이터에 그럴싸하게 포장하더라도, 어떻게 하면 물건을 더 많이 파느냐, 그래서 이윤을 얼마나 높이느냐가 그들에게 가장 중요한 과제라는 사실은 변하지 않고요. 네덜란드 시기부터 불어닥쳤던 상인 자본주의의 또 다른 국면을 지나는 지금. 사용자의 권익이니 자유니, 사회적 가치니 하는 따위의 정의는 무시당한 지 오랩니다.

모바일 결제에 관해 한번 살펴볼까요? 사람이 사는 사회는 화폐를 기반으로 돌아가는 단위입니다. 사회가 제대로 기능하려면 모든 사람이 결제 수단을 사용할 수 있어야 하죠. 우리는 소비자가 되어 다양한 결제 수단 가운데 하나를 택할 수 있고, 상인과 기업도 마찬가지입니다. 중앙은행에서 거대 기술기업까지, 다양한 플레이어들이 결제 산업을 놓고 치열한 경쟁을 벌이는 이유지요. 결제를 둘러싼 우리의 결정이, 결제의 미래에 영향을 미치니까요. 결제 방법을 바꾸면 그것만 바뀌는 게 아니라 그것을 지원하는 시스템과 시스템을 소유한 주체도 바뀌기 때문에요. 결국 우리의 선택은 내 결제 방식뿐만 아니라 그 결제 방식으로 누가 돈을 벌지, 결제 권한을 행사하고, 우리 결제 방식의 미래를 결정하는지와 같은 문제에도 광범위한 영향을 미치는 겁니다.

그렇기에 모바일 결제 경쟁은 우리에게 '편익'이라는 이름으로 다가와 현금 계산에서 모바일 결제 방식으로 변경하는 것을 선택하라고 여러 면에서 권유하고 있는 거예요. 결제 과정에서 모든 저항을 최대로 없애주겠다 달콤하게 약속하면서요. 나아가 결제 과정에서 발생하는 거래 데이터의 소유권과 접근권을 두고, 모바일 결제 시스템끼리도 다툼을 벌이고 있죠. 이런 경쟁은 '지갑 전쟁'이라고까지 할 정도인데요. 내 지갑 속에 들어온 제국들 사이에서는 매일매일 이 무시무시하고 치열한 전쟁이 벌어지고 있습니다.

하지만 그 전쟁의 결과 만약 현금만 사용하는 사람을 배제하는 사회가 온다면 어떻게 될까요? 대도시에서 디지털 결제 수단이 발전하고 현금을 사용하지 않게 되면서 시골 지역 거주자들이나 빈곤층, 고령층, 디지털 혜택에 접근하지 못하는 사람들이 부당하게 부담을 떠안거나 심지어 결제 과정에서 소외되는 일이 발생한다면, 돈을 내거나 받을 '방법'이 없는 사람들이 생긴다면, 예를 들어 점포의 키오스크나 스마트폰의 수많은 애플리케이션 앞에서 우물쭈물하게 되는 어르신들, 은행에 가서 대면 거래를 해야만 마음이 놓이는 사람들, 다른 사람의 통제와 감시가 싫어 현금을 사용하고 싶은 사람들—그 자체로 정산이 완료되고 즉각적이고 안정성이 보장되는 유일한 결제 시스템인 현금을 좋아하는 사람들이죠. 현금은 인프라에 의해 정지되거나 사라지는 일은 없으니까요— 혹은 여러 이유로 모바일 결제 수단은커녕 통장, 카드조차 소유할 수 없는 사람들까지 그 스펙트럼은 다양합니다. 물론 불법 자금을 비롯해 그 출처나 쓰임새를 숨기고 싶을 때의 사람까지도요.

우리는 매일 수십 혹은 수백 건의 거래에 참여하면서 끊임없이 거래 정체성을 드러내고 있는데요. 단 하나의 거래 공동체에 속하는 대신 우리는 여러 가지 돈을 쓰며 다양한 공동체 속에 포함됩니다. 모바일, 카드, 인터넷 뱅킹 혹은 현금 결제같이 다양한 거래 공동체가 존재해야 개개인이 지불 수단을 선택할 자유를 누리고 보호받을 수 있지 않겠어요? 단적으로 현금이 없어진다면, 은행이 마이너스 금리를 발표할 때 예금주가 대항할 무기는 무엇이 될 수 있을까요? 현금을 사용하는 사람들, 혹은 카드 사용자 그 어떤 거래 공동체도 소멸해서는 안 된다고 생각하는 이유입니다. 더 편리하게 결제할 수 있도록 만드는 것도 필요하지만, 더 많은 사람이 결제 수단에 접근할 수 있게 하는 것 역시 중요하기 때문입니다. 사회가 제대로 기능하려면 모든 사람이 결제 수단을 사용할 수 있어야 하니까요.

인터넷과 PC, 모바일 기기도 마찬가지입니다. 인터넷은 어떤 지역에서 경제를 해방하고 인간의 힘을 길러 잠재력을 성취해주는 위대한 문명의 선구자로 소개됩니다. 그리 오래되지 않았던 때 저개발 국가에 밀려들었던 기독교와 마찬가지 메타를 보이면서 말이죠. 가난한 개발도상국, 인터넷에 대해 한 번도 들어본 적이 없는 이들에게 인터넷을 가져다주는 일이 다시금 박애주의적 사명으로 자리잡은 셈입니다. 결국 그곳 소비자 집단은 디지털 세계를 보유하게 되는데, 거기에 무료 인터넷 인프라 구축까지 선물로 받고 있습니다. 물론 어떤 점에서는 매우 귀한 결과를 얻기도 하지요. 하지만 이들은 대가로 반드시 무언가를 주어야 합니다.

그런 프로젝트에 맞대응하려면 엄청난 노력이 필요한 법인데요. 아프리카 시장과 동남아시아에서 남미에 이르는 가난한 국가들에서는 이것이 그리 간단한 문제가 아닙니다. 거대 기술기업들이 들어와서 인터넷 인프라를 구축해준다면, 즉 빠른 인터넷을 구축해 모든 이에게 광대역을 제공해준다면, 동시에 그에 대한 대가로 통제 완화와 모든 데이터와 매우 느슨한 규제 환경을 원한다면, 정부는 사실상 궁지에 몰리거든요. 국민이 진심으로 원하는 인터넷 무료 혜택을 선택해 인기를 끌지 말지를 선택해야 합니다. 혜택을 선택하게 되면 대신 인터넷 통제권은 포기해야 하죠. 이는 실질적인 국가 권력의 약화로 이어지고 맙니다. 축적된 데이터와 그 가치는 더는 자기 나라의 것이 아니니까요.

"이익을 위해 개발도상국 정부들을 파괴한 글로벌 다국적 기업의 원조는 유나이티드 프루트 컴퍼니였다. 그 회사의 모습도 아마존, 구글, 애플, 페이스북, 알리바바가 개발도상국들에 보이는 모습과 비슷했다." 학자들은 말하죠. 그리곤 덧붙입니다. "제국주의가 새 장을 맞는 것 같다. 처음엔 식민지 건설이었고, 다음엔 글로벌 다국적 기업이었으며, 지금은 플랫폼이다."

디지털 제국의 손길이 필요한 곳은 아프리카에서 미얀마에 이르는 가난한 개발도상국이라는 시장들입니다. 부족한 인프라, 질병, 자연재해로 인한 재난에 시달리고 있는 나라들. 디지털 제국은 질병 퇴치, 교육 환경 개선에 인터넷 접속 등을 약속하며 이들 시장에 진입합니다. 이런 식의 자선 활동 안에는 분명하게 제국주의 요소가 있습니다.

가난한 소비자에게 이익을 주고 삶을 개선해주기도 하겠지만, 그 과정에 전 세계가 몇몇 디지털 제국들에 의해 장악되고 극소수의 손에 너무 많은 부가 편중된다면, 그들이 잡은 방향타가 세계라는 배를 이끌며 통제하게 되고 말 겁니다. 세계를 좌우지하는 권력이 이토록 소수의 제국에 집중된 현상은 그 현상에 한정하면 놀라운 일이겠지만, 우리가 역사를 훑어본 바에 따르면 딱히 기막힌 일은 아니더라고요.

그나마 다행인 것은 디지털 플랫폼은 그것을 제공하는 거대 기술기업들의 진짜 동기에 대해 사람들이 의문을 제기할 길을 사실상 열어주고 있다는 겁니다. 아이러니하게도요. 오늘날 시민들은 백 년이나 오십 년 전과는 다르게 적극적으로 활동하는 소비자이자 데이터 생산자요, 결제 방식을 결정하는 참가자가 될 수 있거든요. 시대 상황이 그러한 만큼, 역사가 그렇게 오래 교훈을 남겨온 만큼, 지금은 조금 덜 착취적이면서 더 투명하고 공정한 세계로 나아갈 수 있을지 모른다는 희망을 품어봅니다.

에필로그

모든 길이 인공지능으로 통하는 세상
_외눈박이 마을 속 두눈박이가 될지라도

    일본 감독 미야자키 하야오의 애니메이션을 보면, 거장에게는 참 죄송스러운 말씀입니다만 '신통하다'라는 생각이 듭니다. 어떻게 이런 아무것도 아닌, 그저 평범할 수 있는 일, 예를 들면 이사 온 시골집에서 잃어버린 동생을 이웃집 '괴물'의 도움으로 찾았다든가—물론 그 괴물이 기가 막힐 정도로 귀엽지요—, 어린 마녀가 도시에 정착해 배달 일을 하다 사내아이와 좋아하게 되었다든가, 중학교 여학생이 소설을 써보며 자기 자신에 대해 깨닫게 된다든가 등등 그야말로 사소한 이야기들을 1시간 넘게 만화로, 그것도 아름다운 음악과 영상이 담긴 영화로 만들어 사람들을 극장으로 끌어들일 수 있었는지 감탄이 나옵니다. 물론 그러니 한 시대를 풍미한 전설적인 작가가 아니겠습니까마는. 그런데 그런 느림과 부드러움, 사소함이 참 울림이 컸던 시절이 있었습니다. M-TV가 나온 이후 빠르게 전환하는 화면, 끊임없이 이어지는 에피소드, 복잡하고 기괴한 세계관 등에 적응, 아니 적응을 넘어서 중독이 된 21세기 현재는 그런 것들이 단조롭고 시시하기 짝이 없지만요. 미야자키의 만화 속에서처럼 빌린 책 뒷면 도서 대출 카드에 이름을 적고, 누군가 나보다 먼저 읽은 사람을 찾아보고, 책 내용을 빼꼭하게 정리하거나 외우며 뿌듯해하고. 그런 시절이었죠. 가까운 사람에게든 멀리 있는 사람에게든 손 편지, 엽서를 쓰는 건 특별한 일이 아니었습니다. 라디오 방송에서 내 이름이 불렸으면 해서 스마트폰 번호 뒷자리 대신 이름을 신청곡과 함께 신청 엽서에 한 자 한 자 꼭꼭 눌러썼고, 하드커버로 된 '소녀소녀'한 표지의 다이어리에 매일 일기를 쓰는 일도 기쁨 중의 하나였습니다. 글짓기는 당연히 원고지 위에 펼쳐졌죠.

재방송이 예정되어 있지 않은 인기 드라마의 시청률 50%는 별난 게 아니었고, 좋아하는 가수는 공개방송이나 콘서트를 가지 않는 이상 볼 수가 없었습니다. 그들의 일상이 알려지는 경우 역시 거의 없었죠. 주말 밤 TV 외국 영화나 드라마 시리즈는 성우의 더빙이 더해져 방송되었습니다. 지금 생각하면 어떻게 그렇게 입 모양을 딱딱 맞게 맞출 수 있는지. 어렸을 땐 미국 배우가 한국말을 잘하는 거라 여겨 신기해하기도 했었습니다. 유명한 여배우의 더빙을 도맡아 했던 여자 성우분의 남편은 우스갯소리로 본인은 불만 끄면 엘리자베스 테일러, 오드리 헵번, 비비안 리와 사는 것 같아 좋다고 해 웃었던 기억도 납니다. 쉽게 대형 스크린을 접할 수 없던 시절 학교에서 단체로 극장에 가 관람했던 〈바람과 함께 사라지다〉는 잊을 수 없는 영화입니다.

대학로에는 몇 년 동안 매일 콘서트를 열고 있는 가수도 많았습니다. 작디작은 소극장, 불편한 자리에 끼어 앉아 들었던, 단지 기타 반주 하나에 어떤 기계음도 들어가지 않은 노래. 날 것 그대로의 소리가 주는 먹먹한 감동은 잊을 수가 없습니다. 테이프, 레코드나 CD는 플레이어에 돌리며 들어야 했지요. 책과 함께 그런 음반들을 팔았던 서점은 만남의 장소였습니다. '오늘의 책', '홍익문고', '종로서적', '영풍문고', 대학교 구내 서점, 그리고 수많은 골목길 속 서점과 헌책방들. 책을 한 아름 사서 들고 들어와 마치 새기는 것처럼 정성스레 이름을 써넣을 때 마음만은 그 누구보다 부자가 된 듯했습니다.

『장자』의 「외유편」 천지에 이런 내용이 있습니다. '자공이 남쪽으로 초나라를 유람하고 진나라로 돌아오기 위해 한수 남쪽을 지나는데, 한 노인이 마침 밭일하는 것을 보았다.

굴을 뚫고 우물에 들어가 항아리를 안고 나와서는 밭에 물을 주고 있었다. 애를 쓰며 힘을 들이고는 있으나 그 효과는 적었다. 자공이 말했다. "여기 기계가 있으면 하루에 백 휴(畦)의 밭에 물을 줄 수 있습니다. 힘은 적게 들이고도 그 효과는 큽니다. 선생께서는 그렇게 해보고 싶지 않으십니까?" 밭일하던 노인은 고개를 들어 그를 보며 말했다. "어떻게 하는 것이오?" 자공이 말했다. "나무를 뚫어 기계를 만드는 데 뒤쪽은 무겁고 앞쪽은 가볍습니다. 그러면 뽑아내듯 물을 퍼내는데, 그 빠르기가 물이 끓어 넘치는 듯합니다. 기계 이름을 두레박이라 합니다." 밭 갈던 노인은 노여워 얼굴빛이 변하더니 웃으며 말했다. "내가 우리 선생님에게서 들었는데, 기계를 소유한 사람은 반드시 기계를 쓸 일이 있게 되고, 기계를 쓸 일이 있는 사람은 반드시 기계에 사로잡히는 마음이 있기 마련이오. 기계에 사로잡히는 마음이 가슴 속에 있게 되면, 순백함이 갖춰지지 않게 되고, 순백함이 갖춰지지 않으면 정신과 본성이 안정되지 않게 되오. 정신과 본성이 불안정한 사람에게는 도(道)가 깃들지 않소. 내가 알지 못해서가 아니라 부끄러워 쓰지 않는 것이오.'"

본래 사람의 본성은 자연과 닮았다고 합니다. 죽어 흙으로 돌아가는 자연의 일부니까요. 문명이 발달할수록 사람의 삶은 자연과 멀어집니다. 삶의 질을 높여보겠다는 마음은 어느 틈에 '사치의 함정'에 빠지고, 그러면서 자연과는 더욱 멀어집니다. 그동안 삶과 별 관계가 없던 사치품이 졸지에 필수품이 되어버립니다. 길들면 그것에 의존합니다. 의존하게 되면 떨어져 살 수 없는 처지가 되고 맙니다.

교통수단이 그랬습니다. 텔레비전과 냉장고, 세탁기 등 가전제품 역시 그렇습니다. 예전엔 없어도 살 만했던 가전제품, 로봇 청소기, 커피머신, 스타일러스 등등 사는 데 필요한 것들이 점점 늘어납니다. 스마트폰과 컴퓨터는 더욱 그렇습니다. 며칠, 몇 달이 걸리던 정보 전달이 몇 초면 해결되니 이제 편지를 쓰며 답장이 오길 기다리는 건 시간 낭비가 되어버렸습니다. 정보 전달만일까요? 이제는 하나로 다 되는 세상이 되었습니다. 더 이상 우체국과 우표, 책, 엘피, 전화, 주말의 명화, 극장은 없어도 됩니다. 스마트 디바이스 하나면 모든 게 해결되니 말입니다. 그 또한 내가 필요해서 찾았다기보다 누군가가 필요한 거라 일깨워줘 어느 날 갑자기 필요해진 제품입니다.

미국 기술기업이 경쟁적으로 내놓고 있는 게 현재 인공지능 개인 비서입니다. 아마존의 알렉사, 구글 어시스턴트, 애플 시리 같은 인공 비서는 업무를 빠르게 처리하고 삶의 질을 높이는 각종 편의 서비스를 내놓고 있습니다. 아직은 완벽하지 않아서 메뉴를 선택하는 방식의 인터페이스를 대체하는 수준에서 그치고 있는데요. 이들이 앞다투어 인공 비서를 개발하는 이유가 뭘까요?

기업은 보통 소비자의 필요에 맞춘 제품을 만들려고 하지요. 하지만 애플의 아이폰은 처음 등장할 때 스티브 잡스가 말했듯이 기존에 고객이 필요로 하던 것을 넘어 새로운 필요를 발견하게 해준 제품이었습니다. 아이폰이 없었을 때 우리는 아이폰이 전혀 필요하지 않았으니 말입니다. 인공 비서도 마찬가지입니다. 기업들은 인공 비서가 당장 필요한 것이라기보다는 사용자가 앞으로 원할 만한 제품으로 보고 있는 겁니다.

아직 미완성일지라도 세상에 내보이면서 사용자를 끌어모으고, 철저하게 긁어모은 빅데이터로 제품 자체의 성능을 높이는 이유입니다. 아울러 수집된 데이터를 분석하면 사용자의 성향이나 선호를 파악할 수 있고, 상품이나 서비스를 추천하는 새로운 비즈니스를 창출할 수 있습니다. 단순히 제품을 판매하는 데 그치는 게 아닌, 개발자를 끌어모으고 일종의 생태계를 형성해 시장을 키울 수도 있습니다. 그러니 이제는 그렇답니다. 내가 뭘 좋아할지 몰라 다 준비하는 게 아니라, 그들이 준비한 걸 내가 좋아하도록 만들어놓고 결정까지 끌고 가는 시대입니다. 내가 필요한 걸 주는 게 아니라,

없던 필요를 만들어주는 시대죠.

사실 지금 이루어지고 있는 디지털 '혁신'이 역사 속 최초는 아닙니다. 이미 있어 왔죠. 농사짓는 방법을 알아내고, 도로를 내고 건물을 짓고, 무기를 만들고, 기차와 배, 증기라는 동력을 만들어내고, 밤을 밝히는 전기를 만들고, 컨베이어벨트 시스템을 만들어 대량생산을 하고. 이 모두가 그 시대를 뒤흔든 엄청난 혁신, 그 자체였습니다. 인류 역사가 시작된 이래 지금까지 우리는 삶에 기술을 접목하며 '발전'이라는 이름을 붙여왔습니다.

단지 이전과 지금의 혁신에는 차이가 있습니다. 혁신이 혁신 이전의 삶에 위기를 불러일으킨 것은, 예전에도 마찬가지였습니다. 하지만 변형적 신기술을 흡수하고 적응해 우리 삶에 통합할 수 있는, 그게 가능할 정도의 시간 역시 기술과 함께 인간에게 주어졌었지요. 농사짓는 기술은 수천 년 동안, 다른 기술들도 수백 년에 걸쳐 인간이 거기에 적응하고 살아내면서 기술과 삶이 통합될 수 있는, 그런 시간이 함께 흘렀습니다. 심지어 정보화시대에 적응하기까지도 40년 이상의 시간이 주어졌습니다.

하지만 앞으로 인공지능 기계가 세상에 풀어놓고자 하는 변화를 받아들이고 우리 삶에 통합할 때까지 허용된 시간은 생각보다 많지 않을 것 같습니다. 정보통신 기술이 급속도로 발달하면서 인간이 그에 적응할 수 있기까지 기다려주는 시간은 점점 줄어드는 거죠. 그러다 보면 기술을 삶에 통합하는 데 실패하는 사람들이 이전 혁신의 경우에 비해 많아질 겁니다.

그 사람들은 자신도 모르는 사이에 경제적으로 손해를 보고, 사회적으로는 무시와 차별을 당하고, 정책적으로는 배제당할 것이며, 이를 이용하는 사람들 역시 나타나겠지요. 현대의 디지털 제국이 파고들기 좋은 식민지의 상황입니다. 변화는 식민지가 원하지 않고 예상할 수 없는 방식으로, 그리고 살아온 방식과 다르게 삶을 변화시킬 겁니다. 눈에 띄지 않게, 강압적이거나 폭력적이지 않게, 매끄럽게 소비하고 결제하는, 보기에는 멋지게 그러나 결과적으로는 많은 사람을 빈곤으로 몰아넣고 일자리를 빼앗는 그런 변화 말입니다.

인공지능은 추론, 학습 능력 등 인간의 사고 프로세스를 모방하는 컴퓨터 기술을 말한다고 합니다. 이런 인공지능의 핵심 기제는 미리 정해둔 규칙, 일련의 절차, 명령에 따라 입력자료를 처리하고 결과를 출력해내는 프로그램인 '알고리즘'이라죠. 알고리즘은 주어진 작업을 완료하기 위해, 기계에 무엇을 해야 하는지를 알려주는 단계별 과정입니다. 그래서 컴퓨터는 인공지능 알고리즘을 통해 인간이 특별히 재프로그래밍을 하지 않아도 스스로 가르치며 자체적으로 학습할 수 있습니다. 이를 가리켜 '머신러닝'이라고 합니다. 사람과 사물, 공간을 초연결해 산업구조와 사회 시스템에 혁신을 일으키는 4차 산업혁명의 중심 기술은 인공지능 알고리즘이 엮어내는 컴퓨터 파워와 인공지능, 빅데이터라고 합니다.

그렇다면 인공지능이 왜 우리에게 문제로 느껴지는 걸까요? 우려의 실체는 아마도 인간의 통제를 떠난 자동화에 대한 두려움일 겁니다. 하지만 사실 이미 수많은 인공지능이 개발되어 있는 상태입니다. 다만 주변에서 쉽게 볼 수 없다고 여기고 있을 뿐이죠. 인공지능 분야의 선구자인 존 매카시의 말을 빌리자면, 어떤 인공지능 시스템도 일단 완성되고 나면 더는 그것을 인공지능이라고 부르지 않는 경향이 있대요. 그래서 우리가 인식하지 못할 뿐 인공지능은 이미 우리 일상에서 흔히 사용되고 있는 겁니다.

집안의 여러 가전제품을 볼까요? 진공청소기가 나온 이후로 청소가 훨씬 편해졌지만, 매일 집안의 먼지를 구석구석 치우는 건 여전히 번거로운 일. 그래서 등장한 것이 로봇 청소기입니다. 청소는 단순해 보일지 모르지만, 집 구조를 파악해 깨끗하게 하기 위해서는 지능이 필요합니다. 로봇 청소기는 집 상태를 분석해 쉴 새 없이 옮겨 다니며 구석구석 청소하고 바닥의 상태에 따라 스스로 작동 방식을 바꾸기도 합니다. 전기밥솥이나 세탁기가 쌀의 양이나 원하는 밥의 형태, 세탁물의 오염 정도나 세탁물의 종류 등을 고려해 작동하려면 역시 그에 맞는 지능이 필요하고요. 이들이 인공지능을 탑재하고 있는 이유입니다.

주차장도 마찬가지입니다. 요즘은 대형 건물 주차장에 관리자가 없는 경우가 많은데요. 대신 카메라가 자동차 번호판을 찍고 자동으로 인식해 입차 시간을 기록한 후, 출차 시에 주차 시간을 계산해 요금을 부과합니다. 이때 자동차 번호판 사진에서 밝기와 위치가 제각각인 숫자를 정확하게 인식하는 데는 고도의 인공지능이 필요하다고 합니다. 이미 자연스러운 일상이 되어 인공지능으로 느끼지 못하지만. 엘리베이터를 탈 때 여러 대 중 하나의 버튼만 눌러도 가장 가까운 층의 엘리베이터가 오게 하는 것도 사실은 인공지능 덕분이라지요.

현재 많은 미국과 중국의 거대 기술기업이 인공지능에 막대한 투자를 하고 있습니다. 차세대 사업의 흥망이 인공지능에 달려 있다고 보고 선점 경쟁을 벌이고 있는 겁니다. 중국의 인공지능 개발의 경우, BAT를 중심으로 이른바 국가대표팀이 구성되었습니다. 개별 기업의 자체적인 연구개발 이외에 국가적 목표를 위해 연구 프로젝트를 분담해 추진하고 있지요.

2017년 중국 과학기술부는 '신세대 인공지능 개방형 혁신 플랫폼'으로 바이두, 알리윈, 텐센트, 아이플라이텍의 4개 기업 선정하고 추진 모델을 공식화했는데요. 바이두는 자율주행 차, 알리바바는 스마트시티, 텐센트는 의료기기 이미징, 아이플라이텍은 스마트 음성 인식 등을 맡아 개발을 시작하게 했습니다. 2018년 안면인식 인공지능 기업 센스타임이 여기에 추가되었고요. 중국 정부의 진두지휘 아래 거대 기술기업이 각자 특화된 기술개발을 책임지고 있는 모양새라고나 할까요?

이에 비해 미국은 민간기업을 중심으로 개방형 인공지능 생태계를 조성하고 누구나 여기에 참여할 수 있다는 방식으로 접근하고 있습니다. 실행의 모든 단계에서 혁신의 창출을 지향하는데, 주로 인공지능의 개념설계에는 선도적 투자를 하고, 나머지 단계는 공개형 전략을 취해 글로벌 인공지능 인재들과 협업하는 방식을 병행하는 거지요. 인공지능 관련 연구개발을 공개하는 쪽으로 가닥을 잡아 정부 기관의 성과를 민간기업이 확인하면서 서로 기술을 공유하는 방식입니다. 양국의 인공지능 개발에 대한 접근은 그 방법에도 차이가 크지요?

Chat-GPT로 대표되는 인공지능의 침공은 여러 면에서 변화를 불러일으키고 있습니다. 본격적인 생성형 인공지능 Chat-GPT가 출시된 2022년 10월, 사실 그때부터 본격적인 인공지능 열풍이 시작되었다고 볼 수 있는데요. 미국의 거대 기술기업들이 인공지능 개발에 경쟁적으로 막대한 돈을 투자하면서, 엔비디아의 몸값이 천정부지로 치솟기 시작했거든요. 생성형 인공지능 개발과 구동에 엔비디아의 그래픽 처리 반도체가 필수가 됐기 때문입니다. 인공지능 출시 전에는 그저 그런 B급 반도체 회사였던 엔비디아는 이제 애플이나 아마존을 제치고 시가 총액 최고 기업으로까지 떠오르게 되었다고 합니다. 기술기업의 지형에 또다시 변화가 시작되고 있는 겁니다. 그동안 지식인이 되는 데 필요했던 능력에도 역시 변화가 다가오고 있습니다. 인공지능을 다룰 수 없는 사람은 시간과 자료 면에서 불리해 경쟁에서 이기기 힘든 상황을 맞게 됩니다. 필요한 건 정보를 많이 알고 있는 능력이 아닙니다. 정보를 얻는 건, 누구든 그 방법만 알면 일단 다 가능한 상황에서, 어떻게 무엇을 묻느냐, 그리고 거기서 나온 방대한 양의 자료를 추리고 골라내 가치를 부여해내는 능력이 무엇보다 요구되는 시대가 되었습니다.

이런 상황에서 주의를 기울여야 할 점은, 가전제품이든 인공 비서든, 인공지능 챗봇이든 인공지능의 발달 속도가 엄청나게 빠르다는 겁니다. 그래서 인간의 통제력을 넘어서는 인공지능, 예컨대 인공지능으로 인해 사람의 창조 결과물이 더는 생산되지 않아 학습할 내용이 사라진 인공지능, 인간의 능력을 넘어선 '초인공지능'으로 변모하는 인공지능이 나오는 순간 역시 곧 도래할 텐데요. 어떤 상황이 도래할 것인가에 대한 깊이 있는 통찰력과 그 해결을 위한 개발자, 회사, 국가 간의 유의미한 합의점이 나와야 한다는 겁니다.

사실 인공지능이 주도하는 세계가 어떤 모습일지 우리는 완전하고 정확하게 상상할 수 없습니다. 다만 확실한 것은 어느 비밀스러운 곳에서 인공지능을 개발'만' 한다면, 우리는 결국 진정한 인간성을 반영한 세상과는 전혀 다른, 지금보다 한층 더 적대적인 세상을 만드는 인공지능 기계를 개발할 위험에 처할 수도 있을 거라는 겁니다. 개방된 계획이나 협업을 무시한 채 폐쇄적인 개인이나 단체가 그런다면 말이죠.

인간과 기계가 나아갈 방향을 잘 설정하기 위해 개방적이고 강력한 공개 토론이 이루어져야 하고, 다양하고 포괄적인 사유를 할 수 있는 집단의 사람들에게 인공지능 개발에 참여할 기회를 주어야 하는 이유입니다. 인공지능 기술 전문가들뿐 아니라 다양한 관점을 지닌 인문주의자, 인권옹호자, 사회과학자 같은 여러 분야의 전문가 말입니다. 속도가 아니라 어느 방향으로 가는가가 더 중요한 것이니까요.

만약 우리가 거대한 규모로, 로드맵 없이, 예측되는 결과와 예측하지 못하는 결과로부터 사람들을 보호할 인문학적, 사회학적 안전망 없이 빠르게 자동화된다면, 우리는 목적도 없고, 할 일도, 책임도, 자율성도 없는 맹목적인 인공지능 기계의, 혹은 그걸 만든 디지털 제국의 종이 될 수도 있습니다. 인공지능이 우리 미래에 공감, 동정심, 삶의 높은 질, 공정을 구축하는 데 도움이 될 수 있게 만드는 게 중요하지 않을까요?

개인 자신의 사리사욕에 사로잡혀 권력과 명예, 부를 추구하는 인간의 탐욕과 자존심은 생각보다 힘이 셉니다. 위대한 SF 소설 『프랑켄슈타인』에서 메리 셸리는 빅터 프랑켄슈타인 박사가 감각 능력을 갖춘 새로운 존재를 만드는 것이 어떻게 가차 없는 지식 추구로 진행되었는지를 보여줍니다. 프랑켄슈타인 박사는 새 존재를 창조하면서, 자신이 신처럼 되고자 했고, 비밀리에 그렇게 하려는 욕망을 품고 있었습니다. 자기 연구에 의문을 가지거나 그 생명체에 특정한 핵심 가치나 인간성을 심어주기 위해 잠시 멈추는 걸 택하기보다는 말이죠. 과연 감정이나 가치가 들어갔다면 그 괴물은 어떻게 달라졌을까요? 21세기의 프랑켄슈타인 박사가 어느 곳에 얼마나 존재하며 어떤 제국을 이끌고 있는지 알 수 없는 노릇입니다. 과학과 기술이 우리 모두의 운명을 결정하겠지만, 그 파장은 누가, 어떻게, 개발하고 사용하느냐에 따라 달라질 수 있습니다.

〈하우스〉라는 미국 의학 드라마가 있습니다. 괴팍한 진단 의학과 박사 그레고리 하우스가 온갖 미스터리한 상황을 뚫고 병을 진단해내는 에피소드를 그린 것인데요. 주인공은 착하지도 선하지도 심지어 건강하지도 않고 진통제를 달고 다니는 정상 부류의 사람이 아닌 것 같지만, 사실은 천재이고 호기심도 많고 상처를 입기도 쉬운 매력적인 캐릭터라 정말 재미있게 봤던 드라마입니다.

처음 접한 건 케이블 채널을 통해서였습니다. 방영 시간이 정해져 있었는데, 주로 늦은 밤이라 출근할 때는 보지 못했고, 그나마 방학 여유가 있을 때는 꼬박꼬박 챙겨 보았죠. 시간에 맞춰 텔레비전 앞에 앉아 기다리다, 뇌 그림과 함께 시작할 때 그 기대감과 설렘은 잊지 못합니다. 지금은 기다릴 필요가 없습니다. 넷플릭스에서 서비스하는 드라마이기 때문입니다. 다른 말로 내가 원하는 시간 원하는 장소에서 원하는 에피소드를 시청할 수 있습니다. 내 요구에 드라마가 맞춰 방영되기 때문입니다. 내가 원하는 대로 볼 수 있다! 그런데 놀라운 건, 기다리다 보았던 그때만큼의 설렘과 기대감은 더는 느껴지지 않는다는 겁니다.

언젠가 들은 적이 있습니다. "내가 원하는 대로 다 이루어지는 그곳이 바로 지옥이다." 그곳에는 더는 하고 싶은 게 없기 때문입니다. 원하는 것도 없고, 먹고 싶은 것도 없습니다. 내가 사랑한, 원하는, 기뻐하는, 즐거워하는 무언가가 더는 그렇지 못하게 된다는 것처럼 슬픈 일이 있을까요?

가끔 예전이 그립습니다. 반복될 수 없기에 그 한 번이 소중했고, 복사되지 않기에 한 장 한 장이 너무나 소중했습니다. 발품을 팔고 시간을 써가며 찾은 것이기에 너무 귀해 함부로 쓸 수도 없었던, 그리 귀하고 소중한 시간들. '내 지갑 속에 들어온 제국주의'가 비단 돈만의 문제가 아닌 까닭입니다.

우리가 컴퓨터와 기계에 의존하게 되면서 기억을 덜 사용하고, 업무나 문제해결, 학습으로부터 인지적으로 느끼는 부담은 훨씬 가벼워진 게 사실이긴 합니다. 간단한 형태의 인공지능이 이미 곳곳에 존재하며 인지적 부담을 언제라도 떠안아줄 준비를 하고 있으니까요. 이는 시리와 대화에서부터 넷플릭스, 구글 탐색에까지 이릅니다. 그들의 알고리즘은 다음에 볼 영화나 목표로 할 직업을 추천하는 것에서부터, 거의 모든 것을 할 수 있습니다. 하지만 임무, 기억을 스마트 기기에 계속 넘기게 되면 우리에게는 어떤 일이 벌어질까요? 어쩌면 우리는 우리가 누구인지 상기하기 위해 점점 더 그런 스마트 기기에 의존해야 할지도 모릅니다.

디지털 라이프 스타일이 자연스러워진 세대의 공감 표현이 줄고 있다고 합니다. 컴퓨터와 상호 작용이 많을수록 자신과 타인의 감정에 관해 연습할 기회가 줄어든다는 뜻입니다. 디지털 중독이 아이들의 정서적 지능 역시 잠식하고 있고요. 어디에서나 기술과 소셜 미디어에 접근이 가능한 지금의 아이들은 이전 세대처럼 다른 아이들과 공감할 수 있는 연결고리를 만들지 않는다고 합니다. 인간의 미래를 위해 필요한 친절함, 동정심, 공정함, 시민의식은 어떻게 길러야 할까요?

문해력도 문제입니다. 세계 정보 산업 센터에 따르면 한 사람이 매일 다양한 기기를 통해 소비하는 정보의 양은 평균 34GB에 육박하는데, 이는 영어 단어 10만 개에 필적할 만한 분량이라고 합니다. 정보통신 기술의 발달로 수많은 정보에 대한 접근이 가능해지면서 디지털 시대의 과잉 정보에 노출된 인간의 뇌는 인지적 과부하에 빠지지 않도록 '훑어보기'를 선택합니다. 처리할 수 있는 정보가 한정돼 있으니, 많은 정보 중 몇 단어만 훑고 대략적인 맥락을 파악한 후 결론으로 넘어가는 건데요.

이렇게 되면 전체적인 글의 흐름이나 논리 구조를 파악하기 어려운, 긴 글보다 짧고 단순한 문장만 찾는 악순환에 빠지게 됩니다. 심지어 영상에서도 긴 유튜브 동영상보다 15초 틱톡 숏폼이 인기 있는 것처럼요. 뇌의 읽기 회로가 이런 방식으로 디지털 매체에 완전히 적응한다면 종이책이나 여타

인쇄물을 읽을 때도 건너뛰면서 읽게 될 겁니다. 타인이 쓴 생각을 제대로 이해하지 못할 확률이 높아지겠지요. 사람의 마음에 공감하지 못할 뿐 아니라 생각도 이해할 수 없게 되는 겁니다.

현재 인터넷은 전 세계 수많은 사물과 사람을 꾸준히, 그리고 점진적으로 연결하고 있습니다. 사물인터넷에 의해 생성된 엄청난 양의 데이터가 쌓이고, 불과 몇십 년 만에 진화론적으로 말하면 눈 깜짝할 사이에 컴퓨터는 세계 곳곳에서 우리 삶의 모든 면에 통합되고 있습니다. 사람들의 삶 전체 역시 스마트폰에 의해 급격하게 변화되었습니다. 때로는 불안, 우울증, 사회적 고립이라는 결과를 안겨주기도 하면서 말입니다. 인공지능 기기가 내가 원하는 것을 대신 해주니 분명 시간은 더 남아야 하고 그 남는 시간으로 더 행복해야 하는데, 이상하게 시간은 더 모자라는 거 같고 허전함은 더 커집니다. 『모모』가 떠오릅니다.

그런 면에서 게임에서 사용되는 '쿨 타임' 적용이 현실에서도 지혜로울 수 있지 않을까 생각해봅니다. 한 캐릭터가 어떤 기술을 사용하고 나서 다시 사용하기까지 기다려야 하는 시간을 말하는데요. 실제라면 어떤 일을 다시 하고 싶게 만들어줄 만한 시간을 가진다는 그런 의미가 되겠지요.

모바일 기기는 생각보다 무서운 존재입니다. 우리를 비추는 거울이나 녹화하는 카메라의 꼴을 하고 있지만, 결코 거기서 멈추지 않습니다. 감정, 행동, 취향, 계획 등을 모두 들여다보아 데이터로 변환하고, 플랫폼으로 닿게 합니다. 개인을 데이터로 쪼개고 쪼개 플랫폼의 수익 극대화를 위해 진상하는데, 그 요란한 일을 벌이면서도 소리도 자취도 남기지 않습니다. 모바일 기기의 전원을 끄고 혼자 고립될 '자유'를 스스로에게 주면서, 1초도 쉬지 않고 내 지갑을 살피고 있는 거대한 디지털 제국의 감시망에서 벗어나는 규칙적인 시간을 가져보면 어떨까요?

2025년 현재 우리가 쓰는 스마트 기기를 둘러봅니다. Chat-GPT, Gemini, DeepSeek로 대표되는, 디지털 제국에서 내놓은 '신무기' 생성형 인공지능의 물결이 다른 어떤 분야보다 쓰나미처럼 우리 삶에 밀려든 시간이 제법입니다. 그들은 전기가 공급되고 데이터를 추출할 수 있는 곳이라면 언제 어디서든, 어떤 질문이든 대답하고 어떤 요구사항에도 맞춰 결과물을 낼 준비가 되어 있습니다. 질문자가 누구든 상관없이, 그가 원하는 대로 페르소나를 적용하면서 말이죠.

심지어 창작도 가능한데, 질은 어떤 면에선 인간의 그것보다 훨씬 높고, 완성 속도는 타의 추종을 불허합니다. 이 정도면 되었다 싶은데도, 제품 업그레이드 정도와 속도는 나날이

크고 빨라지기까지 합니다. 종국에 장착할 성능이 기대를 넘어 두렵게 느껴지는 까닭입니다. 얼마 전 지구촌 전체에 불었던 지브리 톤 프사 열풍은, 한 예술가가 수만 시간에 걸쳐 창작, 작업한 피·땀·눈물의 결과를 일반인 수억 명이 몇 초 만에 모방을 끝내버린, 어쩌면 인공지능이 이끌 미래 사회의 변모를 예언한 상징적인 순간일지도 모르겠습니다.

게다가 그런 인공지능 구동이 숨기고 있는 실제는, 사실 디스토피아에 가깝습니다. 인공지능을 '인간의 노동, 창의성, 감정을 빨아들이며 작동하는 기계'라고 탁월하게 분석한 마크 브레이엄 등의 설명에 따르면, 우리가 일상에서 인공지능의 편리함을 누리기 위해서는 클릭을 유도하고, 데이터를 가공하고, 콘텐츠를 검열하며, 물리적 이동을 수행하는, 보이지 않는 수많은 '사람' 손이 필요하다고 합니다.

그리고 그것은 팔로알토나 멘로파크에 있는, 에어컨 잘 나오고 번지르르한 사무실로 출근하는 엔지니어가 하는 노동이 아니라, 제3국가에 외주로 맡겨지는 거라고 해요. 디지털 제국의 매끈하게 구동하는 인공지능을 위해 수많은 식민지 사람의 단순하고 반복적인 격무가 필요하다는 뜻이지요. 마치 바나나를 수확하고, 나이키 운동화를 박음질하며, 마이크로소프트 콜센터에서 응대했던 그런 이들과 같은 역할을 하는 사람들 말입니다. 인공지능은 스스로 구동할 수 없고,

작동을 위해 데이터 주석 같은 인간의 기초 작업이 필요한데다, 입력하는 주체나 내용에 따라 천양지차의 결과물을 낼 수 있는 그런 존재니까요. 물론 2025년 현재까지는요.

인공지능 구동을 위해 디지털 제국에 예속되어 '일당 1.6달러의 3개월짜리 우간다 계약직원'으로 노동력을 착취당하는 현재. 시간과 노력이 필요한 창작물, 결과물을 대량의 빠른 것으로 대체할 지름길로 쓰일 인공지능의 유용성이 개인과 사회의 치열한 고민으로 대두한 현재. 내가 묻는 지극히 '사적인' 물음이 데이터가 된 뒤 수많은 결과물에 사용되지만, 나 자신은 그 창조된 데이터 제품에서 소외되는 결국이 기다리기 십상인 현재. 그리고 이런 모든 과정과 결과를 '스마트'와 '힙'한 것으로 받아들여 따라가게 하면서, 내 지갑 역시 스마트하게 만들고 끝내 열어젖히기를 종용하는 현재.

이런 현재 속 우리는 매 순간 어떤 선택을 해야 할까요? 분명, 인간을 통해 행해지는 모든 개발과 적용에는 장단점, 선악이 공존하는 법인데, 어떤 선택을 하면 그 장점과 선함이 가능한 한 커질 수 있을까요? 장점과 선함이 되는 기준은 무엇일까요? 이런 선택에 대한 고민이 거대한 디지털 제국, 빅데이터 앞 한 점 티끌도 되지 못할 것 같은 우리에게 과연 의미가 있을까요? '대한민국'에 사는 '우리'가 처한 '오늘'이 묻는 물음일 겁니다.

지금까지 함께 걸어온 긴 여정의 끝이, 이런 수많은 물음의 답에 각자의 성숙한 고민과 진지한 선택으로 결국에는 가서 닿게 되기를.

그 답으로 외눈박이 마을 속 두눈박이가 될지라도, 당당하게 함께 천천히 나아가는 결말을 꿈꿀 수 있는 우리이기를 진심으로 소망해봅니다.

참고문헌

강재호 외, 『플랫폼 임팩트 2023 : 플랫폼 독과점부터 데이터주권 위기까지 플랫폼 자본주의를 향한 사회과학자들의 경고』, 21세기북스, 2022.

강준만, 『세계문화전쟁 : 팍스 아메리카나와 글로벌 미디어』, 인물과사상사, 2010.

고트프리트 라이브란트·나타샤 드 테란, 김현정 옮김, 『결제는 어떻게 세상을 바꾸는가』, 삼호미디어, 2023.

김대래, 『세계경제사』, 피엔씨미디어, 2019.

김상배, 『미중 디지털 패권경쟁 : 기술·안보·권력의 복합지정학』, 한울, 2022.

김찬호, 『돈의 인문학 : 머니 게임의 시대, 부(富)의 근원을 되묻는다』, 문학과 지성사, 2011.

김환표, 『(우리의 일상을 지배하는) IT 거인들 : 알리바바의 마윈부터 아마존의 제프 베저스까지』, 인물과사상사, 2016.

김해원, 『장자강의 : 대한민국 리더들의 필독서-장자』, 안티쿠스, 2020.

닉 서르닉, 심성보 옮김, 『플랫폼 자본주의』, 킹콩북, 2020.

다나카 미치아키, 정승욱 옮김, 『미중 플랫폼 전쟁 : AI시대 메가테크 기업, 최후의 승자는?』, 세종, 2019.

라나 스워츠, 방진이 옮김, 『디지털 화폐가 이끄는 돈의 미래 : NEW MONEY』, 북카라반, 2021.

레오 파닛치·콜린 레이스 엮음, 진보저널 읽기 모임 옮김, 『새로운 제국의 도전: 소셜리스트 레지스터 2004』, 한울, 2005.

로버트 A. 아이작, 강정민 옮김, 『세계화의 두 얼굴』, 이른아침, 2006.

로스 클라크, 이정미 옮김, 『현금 없는 사회 : 그들은 왜 현금을 없애려 하는가』, 시그마북스, 2019.

루시 그린, 이영진 옮김, 『실리콘 제국 : 거대 기술기업은 우리의 미래를 어떻게 훔쳤는가』, 예문아카이브, 2020.

류한석, 『플랫폼, 시장의 지배자 : 초연결 사회, 부와 비즈니스의 미래를 통찰하다』, 코리아닷컴, 2016.

리즈후이, 노만수 옮김, 『데이터를 지배하는 자가 세계를 지배한다 : 차이나 이노베이션과 빅데이터 전쟁』, 더봄, 2019.

마오옌보, 홍민경 옮김, 『돈의 탄생』, 현대지성, 2021.

마이크 브룩스 외, 김수미 옮김, 『포노 사피엔스 어떻게 키울 것인가』, 21세기북스, 2021.

마크 그레이엄 외, 김두완 옮김, 『AI는 인간을 먹고 자란다 : 인공지능 신화에 가려진 보이지 않는 노동자들』, 흐름, 2025.

모지현, 『청년을 위한 세계사 강의 : 세상을 해석한다』 1·2, 들녘, 2016.
『사건으로 보는 한국 현대사 : 3·1운동부터 세계의 K-컬처 신드롬까지』, 더좋은책, 2022.

무적핑크 외, 『세계사톡』 3~5, 위즈덤하우스, 2020.

미야자키 마사카쓰, 서수지 옮김, 『처음 읽는 돈의 세계사』, 탐나는책, 2021.

미야자키 마사카쓰, 송은애 옮김, 『돈의 흐름으로 보는 세계사』, 한국경제신문, 2019.

박선미·김희순, 『빈곤의 연대기 : 제국주의, 세계화 그리고 불평등한 세계』, 갈라파고스, 2015.

박순서, 『빅 데이터 세상을 이해하는 새로운 방법 : 세상을 바꾸고 나를 변화시키는 보이지 않는 것의 힘』, 레디셋고, 2013.

박지향, 『제국주의 : 신화와 현실』, 서울대학교출판문화원, 2000.

배영수, 『미국의 자본주의 문명 : 어디서 와서 어디로 가는가?_제2부 발전 과정』, 일조각, 2022.

셰저칭, 김경숙 옮김, 『지폐의 세계사』, 마음서재, 2019.

송병건, 『(세계화 시대에 돌아보는) 세계경제사』, 해남, 2005.

스콧 갤러웨이, 이경식 옮김, 『플랫폼 제국의 미래』, 비즈니스북스, 2018.

알렉산더 융 편저, 송휘재 옮김, 『화폐 스캔들』, 한국경제신문, 2012.

알렉스 캘리니코스, 천경록 옮김, 『제국주의와 국제 정치경제』, 책갈피, 2011.

에밀리 S.로젠버그 외, 조행복·이순호 옮김, 『하버드-C.H.베크 세계사 : 1870~1945 하나로 연결되는 세계』, 민음사, 2018.

에이미 추아, 이순희 옮김, 『제국의 미래』, 비아북, 2008.

원용진·박서연, 『메가플랫폼 네이버 : 한국 인터넷 산업의 성장과 그늘』, 컬처룩, 2021.

유한나, 『지금 중국은 스마트 인 차이나』, 북네스트, 2019.

이정욱, 『화폐 제국의 숨결』, 시대가치, 2019.

임동욱, 『세계화와 문화제국주의』, 커뮤니케이션북스, 2012.

장시복, 『세계화 시대 초국적 기업의 실체』, 책세상, 2004.

정보통신정책연구원, 『소셜 플랫폼의 확산에 따른 한국사회의 변화와 미래정책(I) : 소셜 미디어 이용자의 문화 소비 행태와 불평등』, 휴먼컬처아리랑, 2015.

정상수, 『제국주의』, 책세상, 2009.

정우진, 『빅데이터를 말하다』, 클라우드 북스, 2014.

정지훈, 『거의 모든 IT의 역사 : 세상을 바꾼 위대한 혁명가들과 새로운 도전자들』, 메디치미디어, 2020.

제임스 페트라스·헨리 벨트마이어, 원영수 옮김, 『세계화의 가면을 벗겨라 : 21세기 제국주의』, 메이데이, 2008.

제이컵 골드스타인, 장진영 옮김, 『돈의 탄생 돈의 현재 돈의 미래』, 비즈니스북스, 2021.

제인 버뱅크·프레더릭 쿠퍼, 이재만 옮김, 『세계제국사 : 고대 로마에서 G2

시대까지 제국은 어떻게 세계를 상상해왔는가』, 책과함께, 2016.

조지 길더, 이경식 옮김, 『구글의 종말 : 빅데이터에서 블록체인으로 실리콘밸리 제국의 충격적 미래』, 청림출판, 2019.

존 H. 엘리엇, 김원중 옮김, 『대서양의 두 제국 : 영국령 아메리카와 에스파냐령 아메리카 1492~1830』, 그린비, 2017.

주디스 코핀·로버트 스테이시, 박상익 옮김, 『새로운 서양 문명의 역사(상) : 문명의 기원에서 종교개혁까지』, 소나무, 2014.

최은수, 『(데이터 비밀열쇠) Unlock 혁명 : 데이터-AI, 세상을 바꾸다』, 매일경제신문사, 2019.

캐서린 이글턴·조너선 윌리암스 외, 양영철·김수진 옮김, 『MONEY : 화폐의 역사』, 말글빛냄, 2008.

케네스 로고프, 최재형·윤영미 옮김, 『화폐의 종말 : 지폐 없는 사회』, 다른세상, 2016.

클라우스 뮐러, 김대웅 옮김, 『돈과 인간의 역사』, 이마고, 2004.

토머스 프리드먼, 장경덕 옮김, 『렉서스와 올리브나무』, 21세기북스, 2009.

티머시 H. 파슨스, 장문석 옮김, 『제국의 지배 : 제국은 왜 항상 몰락하는가』, 까치, 2012.

페터 벤더, 김미선 옮김, 『제국의 부활 : 비교역사학으로 보는 미국과 로마』, 이끌리오, 2006.

폴 로프, 강창훈 번역, 『옥스퍼드 중국사 수업』, 유유, 2016.

폴 존슨, 명병훈 옮김, 『미국인의 역사』II, 살림, 2016.

한중섭, 『비트코인 제국주의 : 누가 블록체인 패권을 거머쥘 것인가』, 북저널리즘, 2019.

홍호평, 하남석 옮김, 『제국의 충돌 : '차이메리카'에서 '신냉전'으로』, 글항아리, 2022.

J.M.로버츠·O.A.베스타, 노경덕 외 옮김, 『세계사』I·II, 까치, 2015.

내 지갑 속에 들어온 제국주의

ⓒ 모지현 2025

초판 1쇄 2025년 9월 5일

지은이 모지현
디자인 유랙어
본문일러스트 한명지
펴낸이 이채진
펴낸곳 틈새의시간
출판등록 2020년 4월 9일 제406-2020-000037호
주소 경기도 파주시 하늘소로16, 104-201
전화 031-939-8552
이메일 gaptimebooks@gmail.com
페이스북 @gaptimebooks
인스타그램 @time_of_gap

ISBN 979-11-93933-15-2(03300)

* 이 도서는 2025 경기도 우수출판물 제작지원 사업 선정작입니다.
* 책값은 뒤표지에 있습니다. 잘못 만들어진 책은 구입하신 서점에서 교환해드립니다.
* 이 책 내용의 일부 또는 전부를 재사용하려면 반드시 저작자와 틈새의시간 양측의 서면 동의를 받아야 합니다.